本书的出版得到了国家社会科学基金项目（编号：18BJY250）和
国家金融与发展实验室的资助

NIFD
国家金融与发展实验室
National Institution for Finance & Development

上市公司
信贷融资条件评价

—— 2019 ——

Evaluation of Loan Financing Conditions of
Listed Firms 2019

李广子 - 著

经济管理出版社
ECONOMY & MANAGEMENT PUBLISHING HOUSE

图书在版编目（CIP）数据

上市公司信贷融资条件评价.2019/李广子著. —北京：经济管理出版社，2020.5
ISBN 978-7-5096-7121-4

Ⅰ.①上… Ⅱ.①李… Ⅲ.①上市公司—企业融资—研究—中国 Ⅳ.
①F279.23

中国版本图书馆 CIP 数据核字（2020）第 081199 号

组稿编辑：宋　娜
责任编辑：张　昕　张馨予　张鹤溶
责任印制：黄章平
责任校对：陈晓霞

出版发行：经济管理出版社
　　　　　（北京市海淀区北蜂窝 8 号中雅大厦 A 座 11 层　100038）
网　　址：www. E-mp. com. cn
电　　话：（010）51915602
印　　刷：三河市延风印装有限公司
经　　销：新华书店
开　　本：720mm×1000mm /16
印　　张：11.5
字　　数：183 千字
版　　次：2020 年 5 月第 1 版　　2020 年 5 月第 1 次印刷
书　　号：ISBN 978-7-5096-7121-4
定　　价：98.00 元

序言

Preface

当前，我国经济已由高速增长阶段转向高质量发展阶段。优化金融服务体系，提高金融服务效率，对于实现我国经济高质量发展具有重要意义。在 2019 年 2 月中共中央政治局举行的集体学习上，习近平总书记强调，要正确把握金融本质，深化金融供给侧结构性改革，增强金融服务实体经济能力。他特别强调，要以金融体系结构调整优化为重点，优化融资结构和金融机构体系、市场体系、产品体系，为实体经济发展提供更高质量、更有效率的金融服务。银行在我国金融体系中处于主导地位，信贷融资是金融服务实体经济的主要载体。信贷融资条件的变化在很大程度上反映了我国总体融资条件的变化，而信贷融资效率在很大程度上反映了我国金融服务实体经济的总体效率。对信贷融资条件进行评价，为提高我国信贷融资效率、深入推进金融供给侧结构性改革提供了理论支撑。我认为，这正是本书成立的理论根据和实践基础。

信贷融资是金融学研究的一个基本问题。以 M-M 定理、优序融资理论等为代表，企业债务融资问题已经成为金融学研究中的一个重要分支。银行信贷是企业最主要的债务融资来源，对于中国这样一个以间接融资为主导的金融体系来说尤其如此。因此，准确评价信贷融资条件，对于企业更好地进行融资决策也具有重要意义。

改革开放以来，我国银行业快速发展，银行业金融机构对实体经济的信贷支持力度不断加大。截至 2018 年末，我国银行业金融机构总资产达到 268.24 万亿元，贷款余额 136.3 万亿元，为实体经济发展提供了有效支撑。不过，我们同时看到，在信贷融资领域，我国仍然存在对民营企业的信贷歧视、中小微企业融资难融资贵、企业融资区域和行业发展不平衡等问题亦有愈演愈烈之势。这意味着，改善企业信贷融资条件、提高信贷资金配置效率仍然任重道远。

李广子博士是中国社会科学院金融研究所和国家金融与发展实验室的青年学者。近年来，他在金融理论和政策研究方面取得了一定成绩，《上市公司信贷融资条件评价 2019》是他的新作。这部专著最令人动容的是，作为其研究基础的我国上市公司 2004~2018 年 2 万多笔银行贷款合约数据都是由他手工收集整理的，这在当前略显浮躁的学术界实属鲜见。基于这些扎实的工作，这部专著系统分析了上市公司信贷融资条件的特征与趋势，具有较强的参考价值。该书数据独特、视角新颖、结构合理、内容丰富、论证充分，能够把金融学理论和实践融为一体，为理解我国上市公司的信贷融资条件提供了全新的视角和素材，弥补了已有研究的不足，具有较大的理论和实践价值。尽管该书研究的对象为上市公司，但其结论具有一般性，这对于理解我国非上市企业的信贷融资条件，同样具有重要的参考意义。

我愿意向诸君推荐这部专著，不只因为它为我们了解银行信贷融资的条件提供了理论和实践相结合的分析和结论，更因为它体现了脚踏实地的研究学风——后者或许最为重要。

李　扬

中国社会科学院学部委员

国家金融与发展实验室理事长

目
录

Contents

part
1

绪　论

1.1　研究背景与意义

作为企业最主要的一种外部资金来源，信贷融资始终是理论界和实务界普遍关心的一个问题，如何准确、全面地刻画我国企业信贷融资条件的特征始终是信贷融资相关问题研究中的一个难点。本书拟基于较为全面的逐笔银行贷款合约数据，对我国上市公司信贷融资条件进行系统性评价。本书的研究主要基于以下三方面背景。

首先，党的十九大报告指出，现阶段我国经济由高速增长阶段转向高质量发展阶段。金融是实体经济的血脉，因此完善金融服务对于促进实体经济发展、提高经济发展质量具有重要意义。2019 年 2 月，中共中央政治局第十三次集体学习时，习近平总书记强调，要正确把握金融本质，深化金融供给侧结构性改革……增强金融服务实体经济能力，推动我国金融业健康发展。对于包括上市公司在内的企业而言，如何从供给侧优化信贷融资条件、提高信贷资金配置效率以促进上市公司高质量发展？

其次，银行贷款是企业最主要的外部资金来源。我国金融体系以间接融资为主，银行业在金融体系中占据主体地位。中国人民银行数据显示，截至 2018 年末，我国社会融资规模存量达到 200.75 万亿元，其中对实体经济发放的人民币贷款余额为 134.69 万亿元，在社会融资规模中占比达到67%。在这种情况下，信贷融资的特征反映了我国企业在融资方面的总体特征，信贷融资条件反映了我国企业总体融资条件。随着我国金融业的发展和金融改革的深入推进，我国企业信贷融资条件总体状况如何？

最后，不同企业在信贷融资方面具有不同的特点。从资金需求方来看，以工业企业为例，经过70年的发展，我国已经建成了门类齐全的产业体系。以工业企业为例，我国已经拥有41个工业大类、207个工业中类、666个工业小类，是全世界唯一拥有联合国产业分类中所列全部工业门类的国家①。我国企业数量众多，涉及不同区域、不同行业，在经营规模、所有权性质等方面差异巨大。从资金供给方来看，提供贷款的银行主体众多，涉及大型商业银行、股份制商业银行、城市商业银行、农村商业银行、农村合作银行、村镇银行、城市信用社、农村信用社等，不同金融机构在经营模式、风险偏好等方面都存在很大差异。那么，资金需求方和资金供给方的上述异质性对企业信贷融资条件产生了什么样的影响？

对于上述问题，本书基于搜集的2004~2018年涉及1500多家上市公司的2万多笔贷款合约数据，从贷款金额、贷款利率、贷款期限、信用增级措施等不同维度对我国上市公司信贷融资条件的时间趋势和横截面差异进行了全面、深入的刻画。特别是本书从不同区域、不同行业、不同银行、不同所有权性质、不同规模、不同市场等各个维度对上市公司信贷融资条件进行了对比分析，得出了很多新的研究结论，为理解我国上市公司信贷融资条件提供了全新的视角和研究素材。

本书的研究意义主要体现在以下两个方面：

第一，从实践意义上看，本书能够为政府主管部门、商业银行和投资者准确评估上市公司信贷融资条件提供基础，为从供给侧优化上市公司信贷融资条件提供支撑。尽管银行贷款是我国企业最主要的外部资金来源，但对企业信贷融资条件进行系统性评估的研究还几乎处于空白。本书基于逐笔贷款合约数据从贷款金额、贷款利率、贷款期限、信用增级措施等不同维度对上市公司信贷融资条件的时间趋势进行了分析，并对不同区域、不同行业、不同银行、不同所有权性质、不同规模、不同市场的上市公司信贷融资条件的差异进行了比较分析，为准确把握上市公司信贷融资条件的特征提供了基础，同时为有关部门调整优化相关政策、提高上市公司信

---

① 中国工信部部长苗圩于2019年9月20日在国务院新闻办公室发布会上做了上述表示。

贷融资效率提供了依据,具有较高的实践价值。

第二,从理论意义上看,本书在研究方法和研究内容上均进行了较大创新,是对现有信贷融资相关文献的丰富和补充。在研究方法上,本书首次利用较为全面的逐笔贷款合约数据对上市公司信贷融资条件进行分析,这一数据包含了借款银行、贷款金额、贷款利率、贷款期限、贷款抵押担保情况等信息,能够从多个维度构建指标反映上市公司信贷融资条件的差异。在研究内容上,本书不仅刻画了 2004~2018 年我国上市公司信贷融资条件的变动趋势,还对不同区域、不同行业、不同银行、不同所有权性质、不同规模、不同市场上市公司信贷融资条件的差异进行了比较分析,得到了新的研究结论,丰富了关于信贷融资条件的认识,弥补了已有研究的不足,具有理论上的创新性。

1.2 研究框架

本书共分为 9 章,各章内容分别如下:第 1 章为绪论。介绍本书的研究背景与意义、研究框架、研究创新以及存在的不足。第 2 章为信贷融资条件的评价方法。主要介绍本书所采用的样本和数据情况,并从贷款成本、贷款期限、信用增级、贷款额度方面构建指标以反映银行贷款合约的特征和信贷融资条件的差异。第 3 章为上市公司信贷融资条件的总体特征与趋势。主要基于全部贷款合约数据对上市公司信贷融资条件的总体特征和时间趋势进行分析。第 4 章至第 9 章分别从不同维度对影响上市公司信贷融资条件的因素进行了分析。其中,第 4 章为不同区域上市公司信贷融资条件,主要分析我国不同区域上市公司在信贷融资条件上的差异;第 5 章为不同行业上市公司信贷融资条件,主要对不同行业上市公司在信贷融资条件上的差异进行分析;第 6 章为上市公司各类银行信贷融资条件,分析不同银行在向上市公司提供贷款时是否存在系统性差异;第 7 章为不同所有权性质上市公司信贷融资条件,主要分析国有和民营上市公司在信贷融资条件上的不同;第 8 章为不同规模上市公司信贷融资条件,分析上市公司资产规模对信贷融资条件的影响;第 9 章为不同市场上市公司信贷融资条件，分析不同市场上市公司在信贷融资条件上的差异。

本书的研究框架如图 1-1 所示。

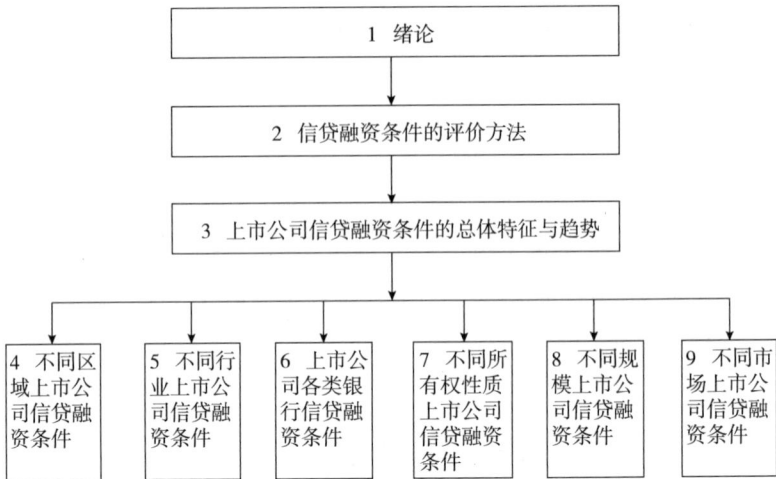

图 1-1　本书的研究框架

1.3　研究创新与不足

本书的创新主要体现在以下三个方面：

一是数据方面的创新。由于在信贷合约方面已经形成较为丰富的数据库，国外关于信贷融资方面的研究已经在很大程度上拓展微观银行贷款合约层面（Qian and Strahan，2007；Graham and Qiu，2008；Bae and Goyal，2009；Drucker and Puri，2009；Chan et al.，2013；He and Hu，2016；Hollander and Verriest，2016；Campello and Gao，2017）。与之相比，可能是受数据限制，国内关于信贷融资方面的研究主要基于区域或企业层面的贷款总量数据（崔光庆和王景武，2006；李敬等，2007；郑志刚和邓贺斐，2010；龙海明等，2011；马永强等，2014；周楷唐等，2017；钱雪松等，2019；潘爱玲等，2019）、部分金融机构内部的微观贷款合约数据

（宋全云等，2016，2019）、问卷调查数据（林平等，2005）等。据笔者所知，胡奕明和唐松莲（2007）、孙会霞等（2013）、郝项超（2013）等是国内较少基于贷款合约数据的研究文献。其中，孙会霞等（2013）分析了长期贷款利差和金额受哪些因素影响，但该研究仅涉及长期借款，且只包含贷款金额和贷款利率等信息；胡奕明和唐松莲（2007）、郝项超（2013）等从不同角度分析了哪些因素对贷款利率有影响，但并未涉及贷款金额、期限、信用增级措施等信息。与之相比，本书的数据包含 2004～2018 年涉及 1500 多家上市公司的 2 万多笔贷款合约数据，涉及不同类型的银行，能够较为全面地刻画我国上市公司信贷融资条件，在研究数据上具有创新性。

二是从不同维度构建了反映信贷融资条件的指标。在国内关于信贷融资的研究文献中，大多数研究着眼于信贷融资的成本和金额（胡奕明和唐松莲，2007；郝项超，2013；孙会霞等，2013；宋全云等，2016；周楷唐等，2017；钱雪松等，2019；潘爱玲等，2019），对信贷融资的期限、信用增级措施的研究相对较少。本书基于上市公司披露的逐笔贷款合约中包含的信息，从贷款成本、贷款期限、信用增级、贷款额度等方面构建多个指标以较为全面地反映银行贷款合约的特征，能够更好地刻画上市公司信贷融资条件。

三是研究内容的创新。首先，本书利用逐笔贷款合约数据对上市公司信贷融资条件的时间趋势进行了刻画。本书的样本期间为 2004～2018 年，时间长度跨越了一个完整的经济周期，有助于理解外部经济环境不同情况下上市公司信贷融资条件的差异。其次，本书基于贷款合约角度对不同区域、不同行业、不同银行、不同所有权性质、不同规模、不同市场上市公司信贷融资条件的差异进行了比较分析，有助于更好地理解上市公司信贷融资条件在横截面上的差异。

受数据限制，本书还存在一些不足。首先，本书的研究对象为上市公司，可能导致分析结果的代表性不够。与非上市公司相比，上市公司一般资产规模较大，经营绩效较好，在获取信贷融资方面往往更有优势。因此，基于上市公司样本所得到的分析结论是否适用于非上市公司还存在不确定性。其次，部分区域、部分行业、部分年度样本贷款合约数据偏少，一定程度上降低了部分分析结果的可靠性。对于以上不足，笔者将在后续研究中进一步加以完善。

信贷融资条件的评价方法

2.1 数据与样本

笔者从上市公司年报附注中搜集得到上市公司逐笔银行贷款合约数据，包括借款银行、贷款金额、贷款利率、贷款期限、贷款抵押担保情况等信息。考虑到中国银行业监督管理委员会于2003年4月成立后我国银行业监管和银行业发展进入更加规范的时期；同时，考虑到2003年之前上市公司年报中披露的贷款合约数据较少，笔者把分析区间限定在2004~2018年。上市公司逐笔贷款合约信息一般包含在公司会计报表附注中的"短期借款""1年内到期的长期借款""长期借款"等科目中。对于在同一年度或不同年度年报中重复披露的银行贷款合约，笔者在经过仔细识别后将重复信息剔除，仅保留一个样本。由于金融行业在银行贷款融资方面的特殊性，笔者剔除了金融行业上市公司。本书最终样本包括23846笔贷款合约，涉及1505家上市公司。其中，国有上市公司586家、民营上市公司919家，国有上市公司占比38.93%。

根据中国证监会出台的《上市公司行业分类指引》的分类标准，样本行业分布情况如表2-1所示。

表 2-1 样本行业分布

行业	代码	上市公司数量（家）	贷款合约数量（笔）
农、林、牧、渔业	A	27	302
采矿业	B	45	774
制造业	C	918	13280
电力、热力、燃气及水的生产和供应业	D	82	1914
建筑业	E	60	1132
批发和零售业	F	78	1096
交通运输、仓储和邮政业	G	51	972
住宿和餐饮业	H	5	65
信息传输、软件和信息技术服务业	I	61	700
房地产业	K	99	2507
租赁和商务服务业	L	16	338
科学研究和技术服务业	M	7	142
水利、环境和公共设施管理业	N	19	331
卫生和社会工作	Q	3	22
文化、体育和娱乐业	R	19	69
综合	S	15	202
合计		1505	23846

资料来源：笔者整理。

从表 2-1 可以看出，制造业是样本分布最为集中的行业，样本共包含 918 家制造业上市公司的 13280 笔银行贷款合约，公司数量和银行贷款合约数量数据分别占比 60.99% 和 55.69%，均超过一半。除制造业外，房地产业的样本分布也比较集中，涉及的上市公司和贷款合约数量分别为 99 家和 2507 笔，分别占比 6.58% 和 10.51%。除此之外，电力、热力、燃气及水的生产和供应业，批发和零售业，建筑业等行业所涉及的上市公司和贷款合约数量也比较多。与之相比，卫生和社会工作、住宿和餐饮业、科学研究和技术服务业等行业的上市公司和贷款合约样本数量则比较少。

从资金供给方来看，笔者仅考虑了商业银行提供的贷款合约样本。从实际来看，除商业银行外，还有其他多种类型的机构向上市公司提供贷

款。包括政策性银行、财务公司、小贷公司、信托公司等，考虑到上述机
构的贷款行为可能与商业银行不同，笔者将上述机构发放的贷款合约样本
予以剔除。另外，考虑到外资银行的贷款行为可能与中资银行存在差异，
笔者没有考虑外资银行贷款合约样本。经过筛选，本书样本涉及的贷款银
行包括国有大型商业银行、股份制商业银行、城市商业银行、农村商业银
行、农村合作银行、村镇银行、城市信用社、农村信用社八类机构。

样本银行类型分布情况如表 2-2 所示。

表 2-2　样本银行类型分布

银行类型	贷款合约数量（笔）	占比（%）
国有大型商业银行	15927	66.79
股份制银行	5213	21.86
城市商业银行	1847	7.75
农村商业银行	554	2.32
农村合作银行	57	0.24
村镇银行	18	0.08
城市信用社	21	0.09
农村信用社	209	0.88
合计	23846	100.00

资料来源：笔者整理。

从表 2-2 可以看出，国有大型商业银行中国工商银行、中国农业银
行、中国银行、中国建设银行、交通银行等贷款合约样本在本书样本中占
绝大多数，占比达到 66.79%；然后为股份制银行，涉及股份制银行的贷
款合约在全部样本中占比 21.86%。与之相比，涉及村镇银行、城市信用
社、农村合作银行等金融机构的贷款合约数量相对较少，仅在全体样本中
占有较小比例。

除特别说明外，本书所使用的其他数据均来自 Wind 数据库。为剔除
异常值，笔者按年度对所有变量按照 1% 和 99% 标准进行了 Winsorize 处理，
令小于 1%（99%）分位数的观测值等于 1%（99%）分位数。

2.2 指标构建

结合数据可得性，笔者从以下四个维度构建指标反映上市公司信贷融资条件。

2.2.1 贷款成本

贷款成本指标用于反映银行贷款的资金价格，资金价格越高，借款人支付的贷款成本就越高。笔者从以下两个维度来衡量借款人的贷款成本：

（1）贷款利率。以银行贷款合约中约定的贷款利率来衡量。从实际来看，很多银行在贷款合约中明确规定了贷款的利率，一般以年利率的形式。也有部分银行在贷款合约中规定了月利率，对于这种情况，笔者将其折算为年利率以便于比较。还有部分银行在贷款合约中明确利率为"基准利率"而未给出具体的利率水平。对于这种情况，笔者按照当年相应期限的贷款基准利率进行赋值，近似得出该贷款合约对应的利率水平。

（2）贷款利差。我国长期以来存在利率管制，不同年度贷款基准利率存在差异。不同期限贷款基准利率由中国人民银行公布，中国人民银行会根据经济形势的变化对贷款基准利率进行调整。尽管我国从 2015 年 10 月 23 日开始取消存款利率上限，从而完全放开利率管制，中国人民银行仍然公布存贷款基准利率，且基准利率在实际中对于商业银行确定贷款利率均有重要的参考作用。考虑到不同年度基准利率的差异，笔者将基准利率从贷款利率中剔除，在此基础上构造贷款利差指标来反映贷款成本。具体来看，结合中国人民银行公布的基准利率期限分档，笔者依据贷款的实际期限将其划分为四档：1 年及以下、1 年以上 3 年以下（含）、3 年以上 5 年以下（含）、5 年以上。在此基础上，笔者将贷款实际利率与相应期限的基准利率进行匹配，并计算得到相应的贷款利差，其计算公式如下：

$$贷款利差 = 实际贷款利率 - 同期限基准贷款利率 \qquad (2-1)$$

表 2-3 给出了 2000~2018 年中国人民银行历次贷款基准利率调整情况。

表 2-3　2000~2018 年中国人民银行历次贷款基准利率调整

单位：%

调整时间	6 个月（含）	1 年（含）	1~3 年（含）	3~5 年（含）	5 年以上
2002 年 2 月 21 日	5.04	5.31	5.49	5.58	5.76
2004 年 10 月 29 日	5.22	5.58	5.76	5.82	6.12
2006 年 4 月 28 日	5.40	5.85	6.03	6.12	6.39
2006 年 8 月 19 日	5.58	6.12	6.30	6.48	6.84
2007 年 3 月 18 日	5.67	6.39	6.57	6.75	7.11
2007 年 5 月 19 日	5.85	6.57	6.75	6.93	7.20
2007 年 7 月 21 日	6.03	6.84	7.02	7.20	7.38
2007 年 8 月 22 日	6.21	7.02	7.20	7.38	7.56
2007 年 9 月 15 日	6.48	7.29	7.47	7.65	7.83
2007 年 12 月 21 日	6.57	7.47	7.56	7.74	7.83
2008 年 9 月 16 日	6.21	7.20	7.29	7.56	7.74
2008 年 10 月 8 日	6.12	6.93	7.02	7.29	7.47
2008 年 10 月 30 日	6.03	6.66	6.75	7.02	7.20
2008 年 11 月 27 日	5.04	5.58	5.67	5.94	6.12
2008 年 12 月 23 日	4.86	5.31	5.40	5.76	5.94
2010 年 10 月 20 日	5.10	5.56	5.60	5.96	6.14
2010 年 12 月 26 日	5.35	5.81	5.85	6.22	6.40
2011 年 2 月 9 日	5.60	6.06	6.10	6.45	6.60
2011 年 4 月 6 日	5.85	6.31	6.40	6.65	6.80
2011 年 7 月 7 日	6.10	6.56	6.65	6.90	7.05
2012 年 6 月 8 日	5.85	6.31	6.40	6.65	6.80
2012 年 7 月 6 日	5.60	6.00	6.15	6.40	6.55
2014 年 11 月 22 日	5.60	5.60	6.00	6.00	6.15
2015 年 3 月 1 日	5.35	5.35	5.75	5.75	5.90
2015 年 5 月 11 日	5.10	5.10	5.50	5.50	5.65
2015 年 6 月 28 日	4.85	4.85	5.25	5.25	5.40
2015 年 8 月 26 日	4.60	4.60	5.00	5.00	5.15
2015 年 10 月 24 日	4.35	4.35	4.75	4.75	4.90

资料来源：笔者整理。

考虑到样本期间很多年度发生了基准利率调整，为便于展示，笔者以各年度平均基准利率来衡量各个年度不同期限的基准利率，平均基准利率为年初与年末同期限基准利率的平均值。以此反映我国不同期限基准利率的年度变动趋势。具体情况如表2-4和图2-1所示。

表2-4 各年末不同期限贷款平均基准利率　　　　　　单位：%

年度	6个月（含）	1年（含）	1~3年（含）	3~5年（含）	5年以上
2004	5.13	5.45	5.63	5.70	5.94
2005	5.22	5.58	5.76	5.82	6.12
2006	5.40	5.85	6.03	6.15	6.48
2007	6.08	6.80	6.93	7.11	7.34
2008	5.72	6.39	6.48	6.75	6.89
2009	4.86	5.31	5.40	5.76	5.94
2010	5.23	5.69	5.73	6.09	6.27
2011	5.73	6.19	6.25	6.56	6.73
2012	5.85	6.28	6.40	6.65	6.80
2013	5.60	6.00	6.15	6.40	6.55
2014	5.60	5.80	6.08	6.20	6.35
2015	4.98	4.98	5.38	5.38	5.53
2016	4.35	4.35	4.75	4.75	4.90
2017	4.35	4.35	4.75	4.75	4.90
2018	4.35	4.35	4.75	4.75	4.90

资料来源：笔者整理。

从表2-3、表2-4和图2-1可以看出，2004年以来，我国人民币贷款基准利率的变化大致经历了以下几个阶段：

第一阶段：2008年9月国际金融危机爆发之前。这一阶段贷款基准利率总体处于上升水平，主要是为抑制过度投资，中国人民银行不断收紧货币政策。以1年期贷款基准利率为例，该利率从2004年初的5.31%上升到2007年底的7.47%，提高了2.16个百分点。

第二阶段：2008年9月至2010年10月。这一阶段，为应对国际金融

（％）

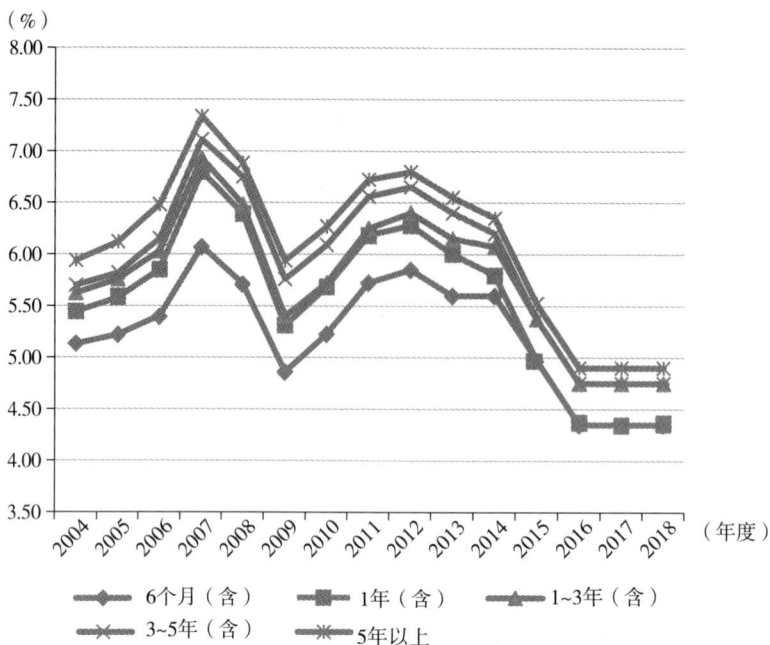

图 2-1　各年不同期限贷款平均基准利率变动趋势

资料来源：笔者整理。

危机冲击，中国人民银行采取宽松的货币政策，大幅下调贷款基准利率，1 年期贷款基准利率从 7.47% 的高点下降到 5.31% 的低点，下调幅度达到 2.16 个百分点，重新回到 2004 年初的水平。

第三阶段：2010 年 10 月至 2012 年 6 月。在经济企稳的背景下，为对冲前期宽松货币政策的影响，从 2010 年下半年开始，中国人民银行重新提高利率水平。1 年期贷款基准利率从 5.31% 的低点提高到 6.56% 的高点，上调幅度达到 1.05 个百分点。

第四阶段：2012 年 6 月至今。我国经济发展进入新常态，面临较大的下行压力。这一阶段，我国贷款基准利率总体进入下行周期。至 2015 年 10 月最近一次调整基准利率，1 年期贷款基准利率已经由 2011 年 7 月的高点 6.56% 下调至 2015 年 10 月的低点 4.35%，下调幅度达到 2.21 个百分点。从 2015 年 10 月开始至 2018 年底，中国人民银行未对贷款基准利率再次进行调整，基准利率保持稳定，1 年期贷款基准利率维持在 4.35% 的水平。

2.2.2　贷款期限

贷款期限反映的是借款人能够使用贷款的时间长度，以贷款合约中规定的贷款开始日到结束日所持续的年度数来表示。从理论上说，贷款期限对于借款人和商业银行代表的含义是不同的。

对于借款人来说，银行贷款的期限越短，借款人越需要做好资金头寸管理，以防止借款到期时出现流动性问题；与之相反，贷款期限较长能够为借款人在较长的时间区间内提供较为稳定的资金来源，有利于借款人更好地安排资金头寸，降低流动性风险。因此，贷款期限越长，商业银行对借款人的支持力度越大。

对于商业银行来说，贷款期限越短，银行越能快速回收资金，且对借款人风险的评价也会更加精确。与此同时，当贷款到期后借款人重新申请贷款时，商业银行可以对借款人的信用风险及时进行跟踪评估，并根据借款人的风险状况对贷款条件进行调整，从而对借款人的行为进行新的约束。因此，贷款期限越短，商业银行对借款人的约束力度就会越大。

2.2.3　信用增级

从样本情况来看，除少部分银行贷款采取信用贷款方式外，其他多数银行在向借款人发放贷款的过程中，要求借款人提供相应的信用增级措施，以使借款人在第一还款来源出现问题的情况下，可以提供第二还款来源。常见的信用增级措施包括保证、担保、抵押、质押等。实际上，部分银行仅要求借款人提供一种信用增级措施，还有部分银行要求借款人提供多种信用增级措施。通常情况下，银行要求提供的信用增级措施越多，对银行权利的保障程度就越高，对借款人来说则意味着借款条件越苛刻。结合数据，笔者构建了以下两个指标来衡量银行贷款的信用增级措施：

（1）信用增级强度。该指标能够反映贷款合约使用信用增级措施强度的序数变量。如果为信用贷款，该变量取值为 1；如果银行要求借款人提供 1 种信用增级措施，该变量取值为 2；银行要求借款人提供 2 种信用增级措施，该变量取值为 3；银行要求借款人提供 3 种及以上信用增级措施，该变量取值为4。可以看出，信用增级强度取值越高，意味着银行贷款合约对上市公司提供信用增级措施的要求越高，具体如表2-5所示。

表2-5 信用增级强度指标的构建

类别	信用增级强度
信用贷款	1
1种信用增级措施	2
2种信用增级措施	3
3种及以上信用增级措施	4

（2）非信用贷款虚拟变量。如果贷款为非信用贷款，该变量取值为1；如果贷款为信用贷款，该变量取值为0。可以看出，这一变量反映的是银行发放的贷款为非信用贷款的概率。当贷款为信用贷款时，商业银行完全基于借款人的信用向其发放贷款；当贷款为非信用贷款时，商业银行需要借款人提供一定的信用增级措施，对借款人提出相对更高的要求。

2.2.4 贷款额度

考虑到借款人经营规模的差异，直接对不同贷款的绝对金额进行比较并没有太大意义，因此笔者采取相对值来衡量银行贷款的额度大小。具体地，笔者以贷款金额除以借款人期末总资产来表示贷款额度，其计算公式如下：

$$贷款额度 = 贷款合约中的贷款金额 / 借款人期末总资产 \quad (2-2)$$

贷款额度指标取值越高，说明逐笔贷款金额相对于借款人的经营规模越大，商业银行对借款人的支持力度也越大。

上市公司信贷融资条件的
总体特征与趋势

本章中，笔者将从贷款成本、贷款期限、信用增级、贷款额度等不同维度对上市公司信贷融资条件的总体特征及时间变动趋势进行分析。结合贷款合约数据特点，除分析不同年度上市公司信贷融资条件的变动趋势外，笔者还对不同月度上市公司信贷融资条件的变动进行了分析，以提供更为丰富的信息。

3.1 贷款成本

实际上，在向上市公司发放贷款过程中，商业银行采取了较为灵活的定价方式。从样本情况看，商业银行的定价方式主要包括固定利率、基准利率、浮动利率、基准利率上浮、基准利率下浮五种类型。其中，采取固定利率、基准利率等方式进行贷款定价的占绝大多数。

3.1.1 年度趋势

2004 年以来，上市公司不同年度平均贷款成本情况如表 3-1 和图 3-1 所示。

表 3-1 上市公司平均贷款成本   单位：%

年度	平均贷款利率	平均贷款利差
2004	5.79	0.08
2005	5.95	0.07
2006	5.86	-0.27
2007	6.51	-0.62
2008	6.40	-0.38
2009	5.55	-0.03
2010	5.75	-0.04
2011	6.61	0.25
2012	6.69	0.20
2013	6.49	0.26
2014	6.37	0.28
2015	5.34	0.04
2016	4.87	0.22
2017	4.92	0.30
2018	5.31	0.85

资料来源：笔者整理。

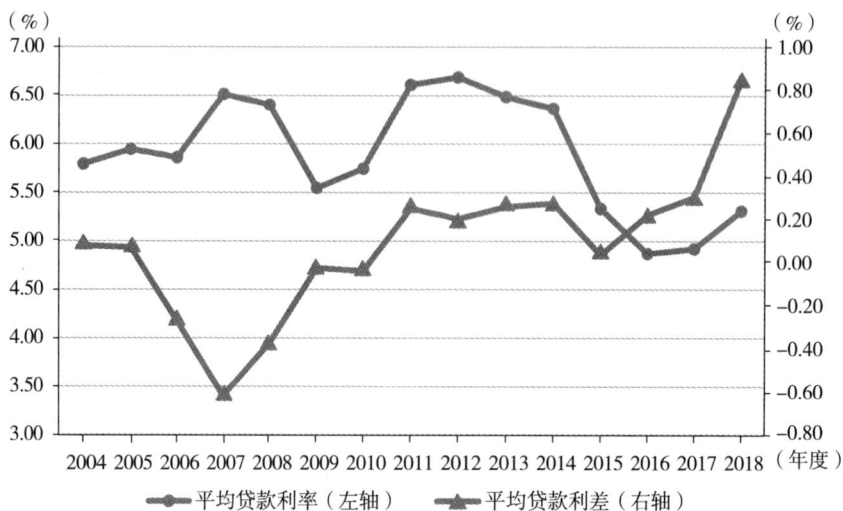

图 3-1 上市公司平均贷款成本

资料来源：笔者整理。

从平均贷款利率来看，2004～2018 年，样本贷款合约平均贷款利率为5.89%。总体上看，上市公司贷款利率随着基准利率的波动而波动，反映出基准利率在银行贷款定价中的主导地位。换言之，商业银行总体上以中国人民银行公布的基准利率为基准来确定贷款利率水平，基准利率是商业银行制定贷款利率的重要参照。

不过，这一情况从 2017 年开始有所变化。前一章关于贷款基准利率的分析表明，从 2012 年 6 月至今，我国贷款基准利率总体进入下行周期。与之相比，样本贷款合约平均贷款利率在这一期间呈现出"先下降、后上升"的趋势。平均贷款利率从 2012 年 6.69% 的高点下降到 2016 年 4.87% 的低点，下降了 1.82 个百分点；从 2017 年开始，上市公司平均贷款利率重新开始上升，从 2016 年 4.87% 上升到 2018 年的 5.31%，上升了 0.44 个百分点。换言之，样本贷款合约平均贷款利率走势从 2016 年开始与基准利率的走势呈现背离趋势。

出现这种情况的原因可以从以下两个方面来理解：

一方面，这一趋势与我国利率市场化进程基本吻合。我国的利率市场化采取的是渐进式改革方式，遵循"先外币后本币，先小额后大额，先贷款后存款"的改革路径，逐步取消利率管制。就贷款利率而言，中国人民银行从 2003 年开始逐步取消贷款利率上限和下限。至 2013 年 7 月取消人民币贷款利率下限，我国人民币贷款利率市场化基本完成。换言之，从 2013 年 7 月开始，商业银行拥有完全的贷款自主定价权，可以根据借款人的风险状况灵活决定贷款利率。在这种情况下，上市公司实际贷款利率与基准利率出现偏离反映出商业银行自主定价能力的提升。尽管商业银行仍然会参照基准利率进行贷款定价，但基准利率以外的其他因素在银行贷款定价中发挥了越来越大的作用，如借款人风险、市场流动性状况等。在这种情况下，实际贷款利率与基准利率出现偏离的情形会越来越普遍。

另一方面，这一趋势与我国的利率市场化进程相比又有所滞后。我国的贷款利率市场化从 2013 年 7 月开始就已从法律意义上完成。与之相比，上述趋势大致上是从 2017 年开始出现的，这在一定程度上反映出商业银行在贷款利率定价中由基准利率定价到市场化定价需要一个较长的过程。

从平均贷款利差情况来看，其反映的趋势与平均贷款利率有所不同。2004~2018 年，样本贷款合约平均贷款利差为 0.08%，略高于 0，说明样本期间上市公司实际贷款利率小幅高于同期基准利率。从图 3-1 可以看出，2004 年以来上市公司平均贷款利差的变动呈现以下两方面特征：

第一，上市公司平均贷款利差从 2008 开始呈现出稳步上升的趋势。其中，2008 年的平均贷款利差为-0.38%，比 2007 年的-0.62%提高了 0.24个百分点。到 2018 年，样本上市公司平均贷款利差达到 0.85%，比 2007年的低点提高了 1.47 个百分点。平均贷款利差的这种上升趋势在 2015 年有所缓和，当年这一数据为 0.04%，比 2014 年的 0.28%下降了 0.24 个百分点。但从 2016 年开始，上市公司的平均贷款利差继续上升。由于贷款利差反映了扣除基准利率因素的相对融资成本，2008 年以来样本贷款合约平均贷款利差的上升趋势反映出这一时期上市公司相对融资成本在不断增加。

第二，2006~2010 年，样本贷款合约平均贷款利差水平为负值。这一时期正好处于国际金融危机前后几年，说明这一期间上市公司平均贷款利率要低于基准利率，反映出市场流动性非常宽松。从 2011 年开始，平均贷款利差水平变为正值，意味着实际平均贷款利率总体上要高于基准利率，反映出这一时期市场流动性总体趋紧。

3.1.2　月度趋势

由于样本贷款合约包含了贷款起始日期信息，因此可以确定贷款合约对应月份的平均贷款利率。在此基础上，可以对样本期间平均贷款利率和平均贷款利差的月度趋势进行分析。

样本贷款合约不同月度平均贷款利率情况如表 3-2 和图 3-2 所示。

从表 3-2 和图 3-2 可以看出，样本贷款合约月度平均贷款利率走势总体上与年度平均贷款利率一致，但不同月份也呈现出不同的波动特征。例如，2005 年 1 月，样本贷款合约平均利率达到阶段性低点 5.02%；2014 年8 月，样本贷款合约平均利率达到阶段性高点 6.96%；2016 年 10 月，样本贷款合约平均利率达到阶段性低点 4.21%。平均贷款利率的月度波动在一定程度上反映出不同月度信贷市场融资的松紧程度。

表3-2　上市公司月度平均贷款利率

单位：%

月度	平均贷款利率	月度	平均贷款利率	月度	平均贷款利率	月度	平均贷款利率	月度	平均贷款利率
2004年1月	5.29	2007年1月	6.42	2010年1月	5.66	2013年1月	6.66	2016年1月	5.23
2004年2月	6.05	2007年2月	6.02	2010年2月	5.80	2013年2月	6.55	2016年2月	5.28
2004年3月	5.88	2007年3月	6.15	2010年3月	5.71	2013年3月	6.67	2016年3月	5.05
2004年4月	5.69	2007年4月	6.26	2010年4月	5.73	2013年4月	6.41	2016年4月	4.90
2004年5月	5.82	2007年5月	6.51	2010年5月	5.75	2013年5月	6.36	2016年5月	4.99
2004年6月	5.95	2007年6月	6.37	2010年6月	5.79	2013年6月	6.29	2016年6月	4.81
2004年7月	5.97	2007年7月	6.69	2010年7月	5.76	2013年7月	6.48	2016年7月	5.12
2004年8月	5.36	2007年8月	6.86	2010年8月	5.57	2013年8月	6.55	2016年8月	5.04
2004年9月	6.25	2007年9月	6.51	2010年9月	5.71	2013年9月	6.47	2016年9月	4.82
2004年10月	6.16	2007年10月	7.01	2010年10月	5.78	2013年10月	6.31	2016年10月	4.21
2004年11月	5.68	2007年11月	6.79	2010年11月	5.75	2013年11月	6.65	2016年11月	4.64
2004年12月	5.49	2007年12月	6.60	2010年12月	5.93	2013年12月	6.43	2016年12月	4.67
2005年1月	5.02	2008年1月	6.00	2011年1月	6.21	2014年1月	6.58	2017年1月	4.30
2005年2月	5.68	2008年2月	6.45	2011年2月	6.36	2014年2月	6.38	2017年2月	4.70
2005年3月	6.14	2008年3月	6.82	2011年3月	6.37	2014年3月	6.50	2017年3月	4.67
2005年4月	6.08	2008年4月	6.70	2011年4月	6.64	2014年4月	6.39	2017年4月	4.95
2005年5月	6.00	2008年5月	6.91	2011年5月	6.71	2014年5月	6.18	2017年5月	5.32
2005年6月	5.84	2008年6月	6.45	2011年6月	6.71	2014年6月	6.01	2017年6月	5.06
2005年7月	6.08	2008年7月	6.63	2011年7月	6.43	2014年7月	6.27	2017年7月	4.70

续表

月度	平均贷款利率	月度	平均贷款利率	月度	平均贷款利率	月度	平均贷款利率	月度	平均贷款利率
2005 年 8 月	6.38	2008 年 8 月	6.55	2011 年 8 月	6.71	2014 年 8 月	6.96	2017 年 8 月	5.16
2005 年 9 月	5.99	2008 年 9 月	6.22	2011 年 9 月	6.77	2014 年 9 月	6.52	2017 年 9 月	5.19
2005 年 10 月	6.02	2008 年 10 月	6.57	2011 年 10 月	6.87	2014 年 10 月	6.35	2017 年 10 月	5.36
2005 年 11 月	5.77	2008 年 11 月	6.40	2011 年 11 月	6.69	2014 年 11 月	6.10	2017 年 11 月	4.84
2005 年 12 月	6.01	2008 年 12 月	5.82	2011 年 12 月	6.86	2014 年 12 月	6.25	2017 年 12 月	4.80
2006 年 1 月	5.88	2009 年 1 月	5.78	2012 年 1 月	6.88	2015 年 1 月	5.56	2018 年 1 月	5.19
2006 年 2 月	5.66	2009 年 2 月	5.70	2012 年 2 月	6.83	2015 年 2 月	6.25	2018 年 2 月	5.63
2006 年 3 月	5.57	2009 年 3 月	5.64	2012 年 3 月	6.71	2015 年 3 月	5.92	2018 年 3 月	5.13
2006 年 4 月	5.74	2009 年 4 月	5.67	2012 年 4 月	7.04	2015 年 4 月	5.19	2018 年 4 月	5.45
2006 年 5 月	5.72	2009 年 5 月	5.73	2012 年 5 月	6.87	2015 年 5 月	4.95	2018 年 5 月	4.82
2006 年 6 月	5.79	2009 年 6 月	5.54	2012 年 6 月	6.85	2015 年 6 月	5.10	2018 年 6 月	5.36
2006 年 7 月	5.84	2009 年 7 月	5.46	2012 年 7 月	6.61	2015 年 7 月	4.80	2018 年 7 月	5.40
2006 年 8 月	6.10	2009 年 8 月	5.52	2012 年 8 月	6.43	2015 年 8 月	5.61	2018 年 8 月	6.00
2006 年 9 月	6.06	2009 年 9 月	5.50	2012 年 9 月	6.55	2015 年 9 月	4.99	2018 年 9 月	5.41
2006 年 10 月	5.98	2009 年 10 月	5.47	2012 年 10 月	6.40	2015 年 10 月	5.18	2018 年 10 月	5.41
2006 年 11 月	6.07	2009 年 11 月	5.25	2012 年 11 月	6.76	2015 年 11 月	5.67	2018 年 11 月	5.02
2006 年 12 月	6.11	2009 年 12 月	5.31	2012 年 12 月	6.56	2015 年 12 月	5.33	2018 年 12 月	5.24

资料来源：笔者整理。

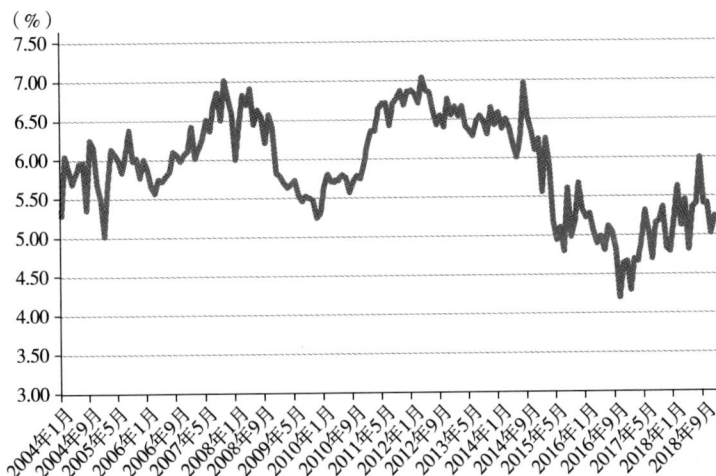

图 3-2　上市公司月度平均贷款利率

资料来源：笔者整理。

值得注意的是，尽管从年度平均利率情况来看，2016 年以来样本上市公司平均贷款利率呈现上升趋势，但从月度平均贷款利率的波动来看，情况则有所不同。具体来看，平均贷款利率在 2018 年 8 月达到阶段性高点 6.00% 之后，从 9 月开始呈现一定的下降趋势，平均贷款利率到 2018 年 12 月下降到 5.24%。从这个角度看，月度数据更能刻画上市公司信贷融资成本的变动趋势。

样本贷款合约不同月度平均贷款利差情况如表 3-3 和图 3-3 所示。

从表 3-3 和图 3-3 可以看出，样本贷款合约月度平均贷款利差走势总体上与年度平均贷款利差一致，但不同月份也呈现出不同的波动特征。样本期间，平均贷款利差最低的月份出现在 2007 年 3 月，达到 -1.25%，说明上市公司贷款利率比基准利率低 1.25 个百分点。样本期间，平均贷款利差最高的月份出现在 2018 年 8 月，达到 1.52%，说明上市公司贷款利率比基准利率平均高 1.52 个百分点。与图 3-2 类似，尽管 2018 年全年样本上市公司平均贷款利差水平与前几年相比有所上升，但平均贷款利差在 2018 年各个月份中呈现出先上升后下降的趋势：在 2018 年 8 月达到阶段性高点 1.52% 之后，上市公司平均贷款利差水平呈下降趋势，至 2018 年 12 月降低至 0.90%。

表 3-3　上市公司月度平均贷款利差

单位：%

月度	平均贷款利差	月度	平均贷款利差	月度	平均贷款利差	月度	平均贷款利差	月度	平均贷款利差
2004 年 1 月	-0.70	2007 年 1 月	-0.62	2010 年 1 月	-0.13	2013 年 1 月	0.35	2016 年 1 月	0.37
2004 年 2 月	0.26	2007 年 2 月	-1.00	2010 年 2 月	0.01	2013 年 2 月	0.37	2016 年 2 月	0.54
2004 年 3 月	0.07	2007 年 3 月	-1.25	2010 年 3 月	-0.07	2013 年 3 月	0.41	2016 年 3 月	0.46
2004 年 4 月	-0.14	2007 年 4 月	-0.88	2010 年 4 月	-0.07	2013 年 4 月	0.17	2016 年 4 月	0.27
2004 年 5 月	0.28	2007 年 5 月	-0.62	2010 年 5 月	-0.01	2013 年 5 月	0.13	2016 年 5 月	0.33
2004 年 6 月	0.43	2007 年 6 月	-0.78	2010 年 6 月	0.00	2013 年 6 月	0.11	2016 年 6 月	0.15
2004 年 7 月	0.22	2007 年 7 月	-0.38	2010 年 7 月	-0.07	2013 年 7 月	0.24	2016 年 7 月	0.47
2004 年 8 月	-0.44	2007 年 8 月	-0.36	2010 年 8 月	-0.14	2013 年 8 月	0.18	2016 年 8 月	0.34
2004 年 9 月	0.64	2007 年 9 月	-0.59	2010 年 9 月	-0.14	2013 年 9 月	0.24	2016 年 9 月	0.22
2004 年 10 月	0.40	2007 年 10 月	-0.05	2010 年 10 月	0.01	2013 年 10 月	0.20	2016 年 10 月	-0.29
2004 年 11 月	-0.02	2007 年 11 月	-0.31	2010 年 11 月	-0.02	2013 年 11 月	0.43	2016 年 11 月	0.03
2004 年 12 月	-0.11	2007 年 12 月	-0.55	2010 年 12 月	0.15	2013 年 12 月	0.25	2016 年 12 月	0.07
2005 年 1 月	-0.86	2008 年 1 月	-0.90	2011 年 1 月	-0.15	2014 年 1 月	0.48	2017 年 1 月	-0.21
2005 年 2 月	-0.13	2008 年 2 月	-0.37	2011 年 2 月	0.06	2014 年 2 月	0.39	2017 年 2 月	0.21
2005 年 3 月	0.25	2008 年 3 月	0.06	2011 年 3 月	-0.03	2014 年 3 月	0.38	2017 年 3 月	0.07
2005 年 4 月	0.30	2008 年 4 月	0.03	2011 年 4 月	0.32	2014 年 4 月	0.36	2017 年 4 月	0.21
2005 年 5 月	-0.01	2008 年 5 月	-0.02	2011 年 5 月	0.42	2014 年 5 月	0.20	2017 年 5 月	0.60
2005 年 6 月	-0.03	2008 年 6 月	-0.35	2011 年 6 月	0.37	2014 年 6 月	-0.25	2017 年 6 月	0.36
2005 年 7 月	0.16	2008 年 7 月	-0.16	2011 年 7 月	0.08	2014 年 7 月	0.27	2017 年 7 月	0.15

续表

月度	平均贷款利差	月度	平均贷款利差	月度	平均贷款利差	月度	平均贷款利差	月度	平均贷款利差
2005 年 8 月	0.52	2008 年 8 月	-0.21	2011 年 8 月	0.39	2014 年 8 月	0.90	2017 年 8 月	0.53
2005 年 9 月	0.16	2008 年 9 月	-0.55	2011 年 9 月	0.36	2014 年 9 月	0.48	2017 年 9 月	0.44
2005 年 10 月	0.01	2008 年 10 月	-0.24	2011 年 10 月	0.44	2014 年 10 月	0.21	2017 年 10 月	0.73
2005 年 11 月	-0.12	2008 年 11 月	-0.24	2011 年 11 月	0.31	2014 年 11 月	-0.08	2017 年 11 月	0.34
2005 年 12 月	0.16	2008 年 12 月	-0.87	2011 年 12 月	0.46	2014 年 12 月	0.14	2017 年 12 月	0.18
2006 年 1 月	-0.33	2009 年 1 月	0.10	2012 年 1 月	0.35	2015 年 1 月	0.28	2018 年 1 月	0.66
2006 年 2 月	-0.67	2009 年 2 月	0.09	2012 年 2 月	0.32	2015 年 2 月	0.74	2018 年 2 月	0.72
2006 年 3 月	-0.50	2009 年 3 月	0.10	2012 年 3 月	0.21	2015 年 3 月	0.43	2018 年 3 月	0.76
2006 年 4 月	-0.34	2009 年 4 月	0.09	2012 年 4 月	0.48	2015 年 4 月	-0.23	2018 年 4 月	0.75
2006 年 5 月	-0.50	2009 年 5 月	0.15	2012 年 5 月	0.33	2015 年 5 月	-0.40	2018 年 5 月	0.51
2006 年 6 月	-0.25	2009 年 6 月	-0.04	2012 年 6 月	0.32	2015 年 6 月	-0.31	2018 年 6 月	0.94
2006 年 7 月	-0.34	2009 年 7 月	-0.12	2012 年 7 月	0.18	2015 年 7 月	-0.31	2018 年 7 月	0.85
2006 年 8 月	-0.06	2009 年 8 月	0.01	2012 年 8 月	-0.08	2015 年 8 月	0.05	2018 年 8 月	1.52
2006 年 9 月	-0.14	2009 年 9 月	-0.10	2012 年 9 月	0.12	2015 年 9 月	-0.18	2018 年 9 月	0.97
2006 年 10 月	-0.06	2009 年 10 月	-0.15	2012 年 10 月	-0.04	2015 年 10 月	-0.14	2018 年 10 月	1.17
2006 年 11 月	-0.04	2009 年 11 月	-0.23	2012 年 11 月	0.28	2015 年 11 月	0.44	2018 年 11 月	0.60
2006 年 12 月	0.02	2009 年 12 月	-0.21	2012 年 12 月	0.11	2015 年 12 月	0.23	2018 年 12 月	0.90

（%）

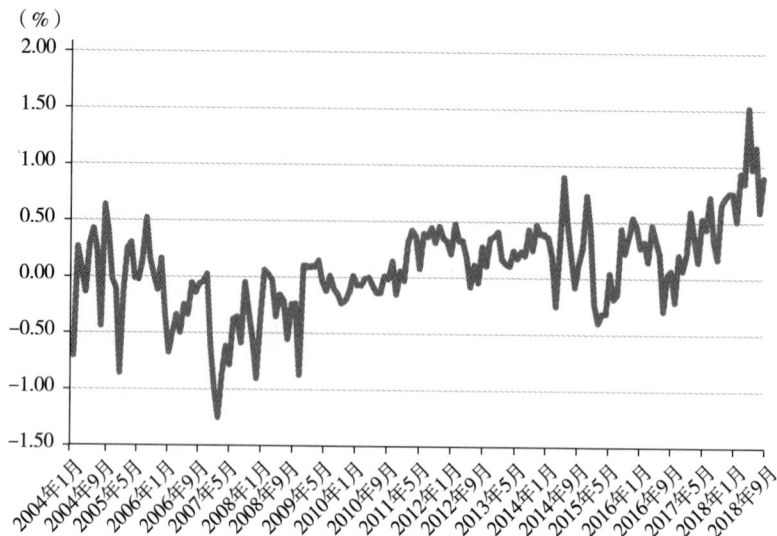

图 3-3　上市公司月度平均贷款利差

资料来源：笔者整理。

3.2　贷款期限

3.2.1　总体情况

样本贷款合约的期限分布情况如图 3-4 所示。

从图 3-4 可以看出，商业银行对上市公司贷款在期限上以 1~3 年期为主，此类贷款合约在全部贷款合约中占比达到 42%；其次为 1 年期及以下贷款，占比 23%。可以看到，商业银行对上市公司的贷款以 3 年期及以下的中短期贷款为主，两类贷款占比达到 65%。除此之外，3~5 年期的占比为 17%；5~10 年期的占比为 13%；10 年期以上的仅占 5%，说明长期贷款数量非常少。

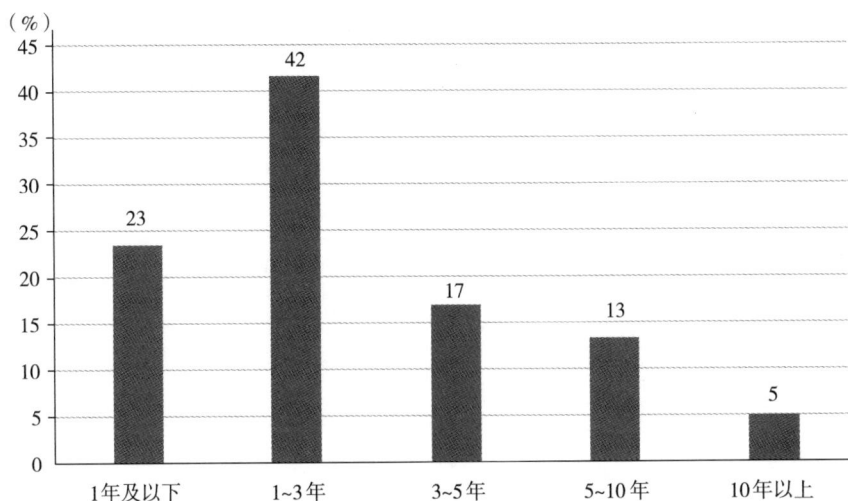

图 3-4　样本贷款合约的期限分布

资料来源：笔者整理。

3.2.2　时间趋势

1. 年度趋势

自 2004 年以来，上市公司不同年度平均贷款期限情况如表 3-4 和图 3-5 所示。

表 3-4　上市公司平均贷款期限　　　　　　　单位：年

年度	平均贷款期限
2004	5. 32
2005	5. 15
2006	5. 15
2007	4. 68
2008	4. 00
2009	4. 17
2010	3. 99

续表

年度	平均贷款期限
2011	3.42
2012	3.59
2013	3.51
2014	3.80
2015	4.19
2016	2.56
2017	2.10
2018	1.67

资料来源：笔者整理。

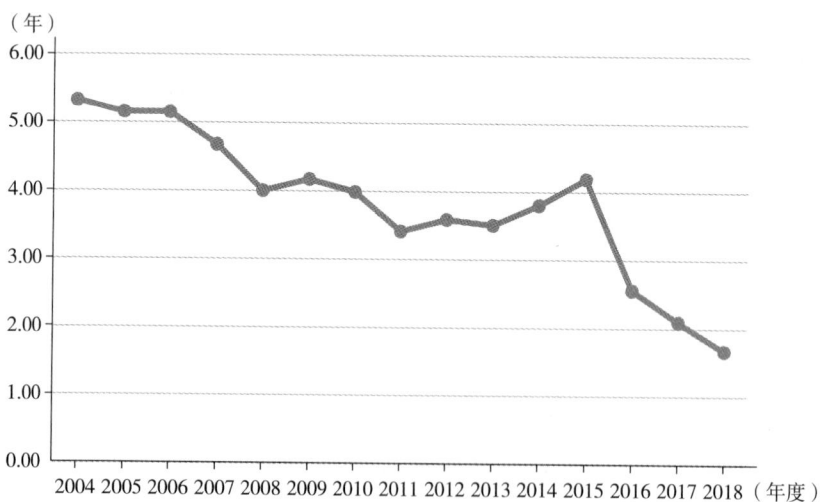

图 3-5 上市公司平均贷款期限

资料来源：笔者整理。

2004~2018 年，样本上市公司贷款合约平均期限为 3.82 年。从表 3-4 和图 3-5 可以看出，自 2004 年以来，商业银行向上市公司发放的贷款呈现明显的短期化趋势：平均贷款期限从 2004 年的 5.32 年下降到 2018 的 1.67 年，下降幅度达到 3.65 年，后者仅为前者的 31.41%，不到 1/3。从图 3-5 还可以看出，样本贷款合约平均贷款期限在 2015 年达到阶段性高点 4.19 年，在此以后出现稳步下降趋势。

如前文所述,贷款期限越长,银行对借款人的支持力度越大。从这个角度上看,商业银行向上市公司发放贷款的短期化趋势对于上市公司来说是不利的,在一定程度上反映了商业银行对上市公司支持力度的下降。另外,贷款期限越短,商业银行对借款人的约束力度就会越大。从这个意义上说,商业银行贷款期限的短期化趋势反映了银行提高了对上市公司的监督力度,商业银行作为债权人的权利得到加强。

2. 月度趋势

2004 年以来,上市公司不同月度平均贷款期限情况如图 3-6 和表 3-5 所示。

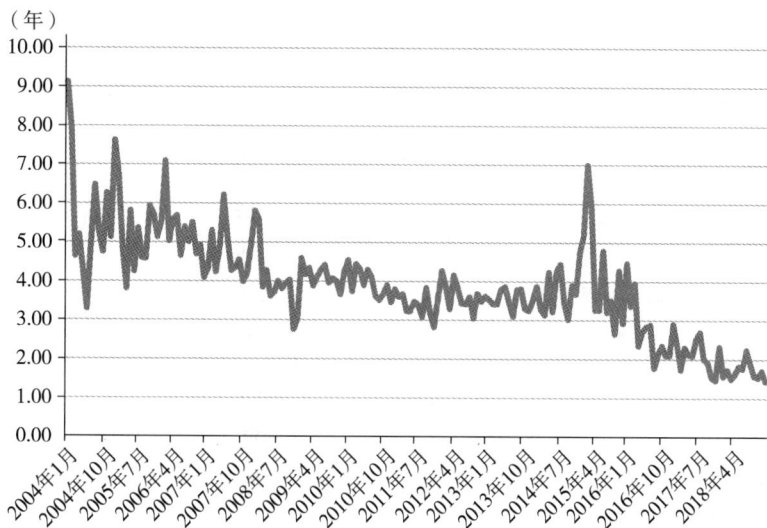

图 3-6 上市公司月度平均贷款期限

资料来源:笔者整理。

从图 3-6 和表 3-5 可以看出,样本贷款合约月度平均贷款期限走势总体上与年度平均贷款期限指标一致:2004 年以来也呈现出不断下降的趋势。相对而言,月度平均贷款期限波动性比年度平均贷款期限的波动性要高。从图 3-5 显示的年度变动趋势看,2015 年上市公司平均贷款期限达到阶段性高点,平均贷款期限达到 4.19 年。具体到月度数据(见图 3-6),

表 3-5　上市公司月度平均贷款期限

单位：年

月度	平均贷款期限	月度	平均贷款期限	月度	平均贷款期限	月度	平均贷款期限	月度	平均贷款期限
2004 年 1 月	9.12	2007 年 1 月	4.34	2010 年 1 月	4.54	2013 年 1 月	3.53	2016 年 1 月	3.37
2004 年 2 月	7.93	2007 年 2 月	5.30	2010 年 2 月	3.74	2013 年 2 月	3.41	2016 年 2 月	3.96
2004 年 3 月	4.65	2007 年 3 月	4.24	2010 年 3 月	4.44	2013 年 3 月	3.45	2016 年 3 月	2.35
2004 年 4 月	5.19	2007 年 4 月	4.87	2010 年 4 月	4.32	2013 年 4 月	3.79	2016 年 4 月	2.71
2004 年 5 月	4.28	2007 年 5 月	6.22	2010 年 5 月	3.91	2013 年 5 月	3.86	2016 年 5 月	2.84
2004 年 6 月	3.28	2007 年 6 月	5.11	2010 年 6 月	4.30	2013 年 6 月	3.46	2016 年 6 月	2.88
2004 年 7 月	4.97	2007 年 7 月	4.28	2010 年 7 月	4.11	2013 年 7 月	3.10	2016 年 7 月	1.78
2004 年 8 月	6.48	2007 年 8 月	4.35	2010 年 8 月	3.62	2013 年 8 月	3.79	2016 年 8 月	2.12
2004 年 9 月	5.28	2007 年 9 月	4.55	2010 年 9 月	3.52	2013 年 9 月	3.81	2016 年 9 月	2.34
2004 年 10 月	4.76	2007 年 10 月	3.99	2010 年 10 月	3.66	2013 年 10 月	3.30	2016 年 10 月	2.10
2004 年 11 月	6.26	2007 年 11 月	4.20	2010 年 11 月	3.90	2013 年 11 月	3.25	2016 年 11 月	2.11
2004 年 12 月	5.13	2007 年 12 月	4.95	2010 年 12 月	3.46	2013 年 12 月	3.52	2016 年 12 月	2.90
2005 年 1 月	7.63	2008 年 1 月	5.81	2011 年 1 月	3.80	2014 年 1 月	3.87	2017 年 1 月	2.37
2005 年 2 月	6.70	2008 年 2 月	5.59	2011 年 2 月	3.60	2014 年 2 月	3.28	2017 年 2 月	1.73
2005 年 3 月	4.84	2008 年 3 月	3.85	2011 年 3 月	3.67	2014 年 3 月	3.14	2017 年 3 月	2.30
2005 年 4 月	3.82	2008 年 4 月	4.28	2011 年 4 月	3.23	2014 年 4 月	4.24	2017 年 4 月	2.13
2005 年 5 月	5.81	2008 年 5 月	3.62	2011 年 5 月	3.27	2014 年 5 月	3.22	2017 年 5 月	2.09
2005 年 6 月	4.26	2008 年 6 月	3.72	2011 年 6 月	3.47	2014 年 6 月	4.27	2017 年 6 月	2.52
2005 年 7 月	5.36	2008 年 7 月	4.01	2011 年 7 月	3.39	2014 年 7 月	4.45	2017 年 7 月	2.70

续表

月度	平均贷款期限	月度	平均贷款期限	月度	平均贷款期限	月度	平均贷款期限	月度	平均贷款期限
2005年8月	4.60	2008年8月	3.82	2011年8月	3.09	2014年8月	3.42	2017年8月	2.01
2005年9月	4.59	2008年9月	3.96	2011年9月	3.83	2014年9月	3.02	2017年9月	1.93
2005年10月	5.93	2008年10月	4.04	2011年10月	3.18	2014年10月	3.90	2017年10月	1.54
2005年11月	5.72	2008年11月	2.76	2011年11月	2.82	2014年11月	3.67	2017年11月	1.47
2005年12月	5.14	2008年12月	3.01	2011年12月	3.55	2014年12月	4.73	2017年12月	2.32
2006年1月	5.52	2009年1月	4.59	2012年1月	4.27	2015年1月	5.17	2018年1月	1.57
2006年2月	7.09	2009年2月	4.18	2012年2月	3.88	2015年2月	6.99	2018年2月	1.73
2006年3月	5.03	2009年3月	4.34	2012年3月	3.29	2015年3月	5.93	2018年3月	1.51
2006年4月	5.58	2009年4月	3.89	2012年4月	4.16	2015年4月	3.26	2018年4月	1.62
2006年5月	5.68	2009年5月	4.12	2012年5月	3.83	2015年5月	3.28	2018年5月	1.82
2006年6月	4.66	2009年6月	4.30	2012年6月	3.43	2015年6月	4.78	2018年6月	1.77
2006年7月	5.39	2009年7月	4.42	2012年7月	3.41	2015年7月	3.21	2018年7月	2.24
2006年8月	5.01	2009年8月	3.96	2012年8月	3.59	2015年8月	3.50	2018年8月	1.90
2006年9月	5.51	2009年9月	4.07	2012年9月	3.05	2015年9月	2.65	2018年9月	1.57
2006年10月	4.70	2009年10月	4.00	2012年10月	3.69	2015年10月	4.28	2018年10月	1.53
2006年11月	4.93	2009年11月	3.66	2012年11月	3.48	2015年11月	2.92	2018年11月	1.70
2006年12月	4.09	2009年12月	4.26	2012年12月	3.61	2015年12月	4.47	2018年12月	1.44

资料来源：笔者整理。

较高的平均贷款期限集中出现在 2015 年初的 1~3 月，这 3 个月的平均贷款期限分别为 5.17 年、6.99 年和 5.93 年，反映出这一期间商业银行向上市公司发放贷款期限相对较长。在此之后，上市公司平均贷款期限逐步下降，至 2018 年 12 月下降至 1.44 年。

3.3   信用增级

3.3.1   总体情况

如前文所述，除信用贷款外，商业银行通常要求借款人提供的信用增级措施包括保证、抵押、质押、担保等。在实际发放贷款过程中，一些银行还要求借款人提供多种信用增级措施的组合来控制风险。本书将商业银行要求借款人提供的信用增级措施分为以下四类：一是信用贷款，即不要求借款人提供任何信用增级措施；二是要求借款人提供 1 种信用增级措施；三是要求借款人提供 2 种信用增级措施；四是要求借款人提供 3 种及以上信用增级措施。根据上述分类，样本贷款合约要求借款人提供的信用增级措施情况如图 3-7 所示。

从图 3-7 中可以看出，在发放贷款过程中，商业银行要求借款人提供 1 种信用增级措施的占绝大多数，占比达到 70.49%；为信用贷款方式占比 23.26%；要求借款人提供 2 种信用增级措施的占比 5.78%；要求借款人提供 3 种及以上信用增级措施的占比 0.47%。总体上看，在向上市公司发放贷款时，绝大多数银行都要求上市公司提供相应的信用增级措施，完全基于信用的贷款合约数量在全部样本中占比不到 1/4，说明要求上市公司提供信用增级措施仍然是商业银行发放贷款过程中普遍采取的一种风控手段。

笔者进一步考察那些非信用贷款合约中不同信用增级措施的使用情况，具体如图 3-8 所示。

从图 3-8 中可以看出，保证是在 4 种措施中最常被使用的信用增级措

（%）

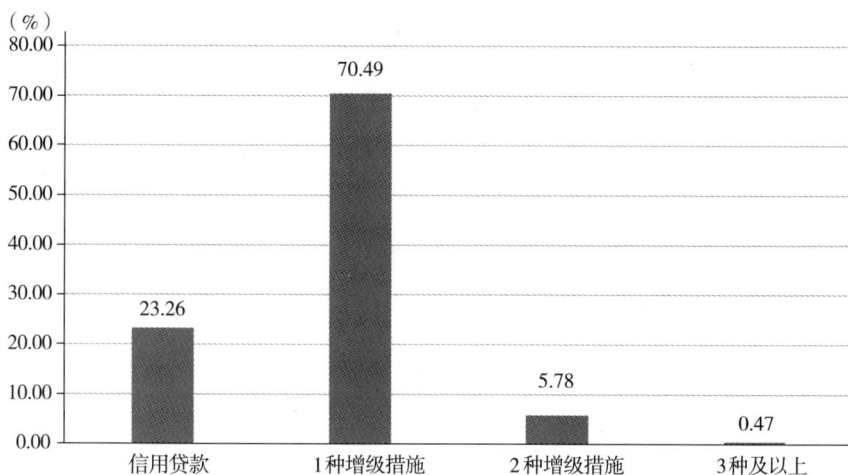

图 3-7　上市公司银行贷款信用增级措施

资料来源：笔者整理。

（%）

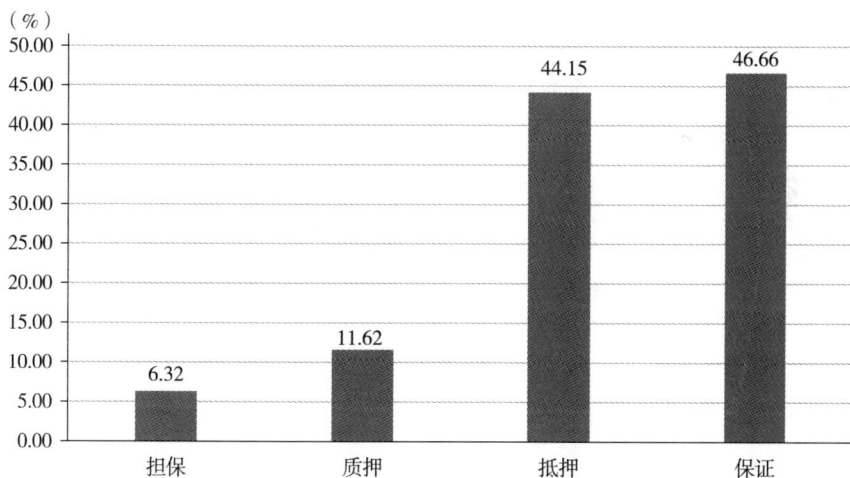

图 3-8　不同信用增级措施使用情况

注：很多贷款合约要求借款人提供多种信用增级措施，因此不同信用增级措施占比加总之和超过 100%。

资料来源：笔者整理。

施，占比达到 46.66%。出现这种情况的原因可能与这种措施在操作程序上相对简单有关。其次为抵押方式，有 44.15% 的非信用贷款合约采用了这种信用增级措施。抵押是传统银行贷款中一种最常用的信用增级措施。依托于抵押资产，商业银行可以在借款人出现违约的情况下对抵押资产进行处置以控制风险。除此之外，采用质押措施的非信用贷款合约在全部非信用贷款合约中占比 11.62%。随着与动产质押有关的法律制度的完善，质押得到了越来越多的应用。担保在四种信用增级措施中使用最少，采用担保措施的非信用贷款合约在全部非信用贷款合约中占比仅为 6.32%。

3.3.2 时间趋势

1. 年度趋势

2004 年以来，不同年度上市公司贷款平均信用增级措施如表 3-6 和图 3-9 所示。

表 3-6 上市公司贷款平均信用增级措施

年度	平均信用增级强度	平均非信用贷款占比（%）
2004	1.71	69.65
2005	1.87	82.16
2006	1.88	83.07
2007	1.85	78.85
2008	1.83	77.06
2009	1.82	77.07
2010	1.81	76.40
2011	1.84	77.38
2012	1.85	78.66
2013	1.87	75.80
2014	1.92	81.14
2015	1.86	80.10
2016	1.86	75.78
2017	1.78	70.99
2018	1.77	69.15

资料来源：笔者整理。

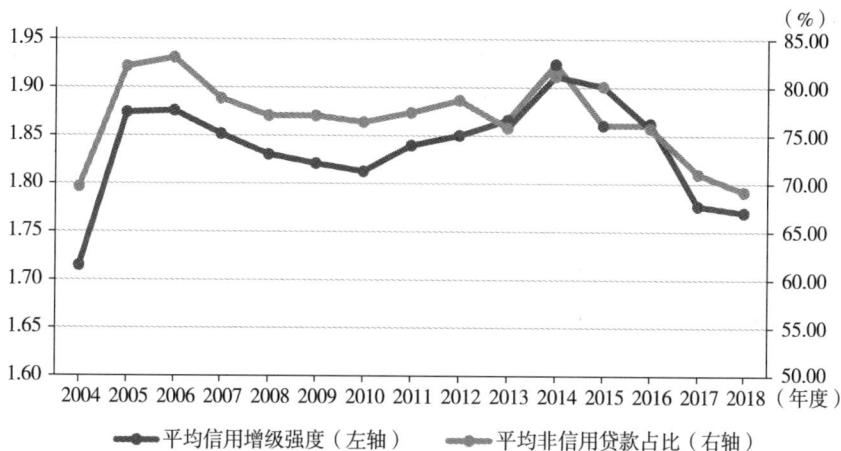

图3-9 上市公司贷款平均信用增级措施

资料来源：笔者整理。

从表3-6和图3-9可以看出，2004年以来，我国上市公司银行贷款平均信用增级强度为1.84，说明银行在提供贷款时平均要求上市公司提供接近1种信用增级措施；非信用贷款占比76.7%。从图3-9还可以看出，银行在贷款过程中要求上市公司提供信用增级措施的年度演变趋势呈现以下特征：

第一，信用增级强度和非信用贷款占比这两项指标走势基本一致，且在2006年和2014年分别达到阶段性高点。说明在上述两个年度里商业银行在风控方面较为严格，要求借款人提供的风控措施保障程度也比较高。

第二，从2015年开始，无论是信用增级强度还是非信用贷款占比指标，总体上均呈现明显的下降趋势。说明商业银行在发放贷款过程中降低了对上市公司提供信用增级措施的要求。出现这种趋势的原因可能有以下两方面：一方面，可能与近年来金融科技的快速发展紧密相关。随着金融与科技融合程度的加深，商业银行不断加大科技投入，将大数据、人工智能、物联网等技术应用到产品与服务创新、业务流程改造之中，极大地提高了银行的风控能力，从而使银行减少了对借款人信用增级措施的依赖。相应地，银行贷款的平均信用增级强度不断下降，非信用贷款比重不断上升。另一方面，可能与近年来商业银行向上市公司发放贷款期限的短期化有关。如前文所述，近年来商业银行向上市公司发放贷款的平均期限不断下降，意味着短期贷款相对于长期贷款来说有所增加。通常而言，商业银行在向上市公司提供长期贷款时，要比短期贷款要求更多的信用增级措施，信用增级强度会更高。在这种情况下，平均贷款期限的短期化意味着商业银行要求上市公司提供的平均信用增级强度也会有所降低。

2. 月度趋势

自 2004 年以来，上市公司不同月度平均非信用增级强度变动情况如图 3-10 和表 3-7 所示。

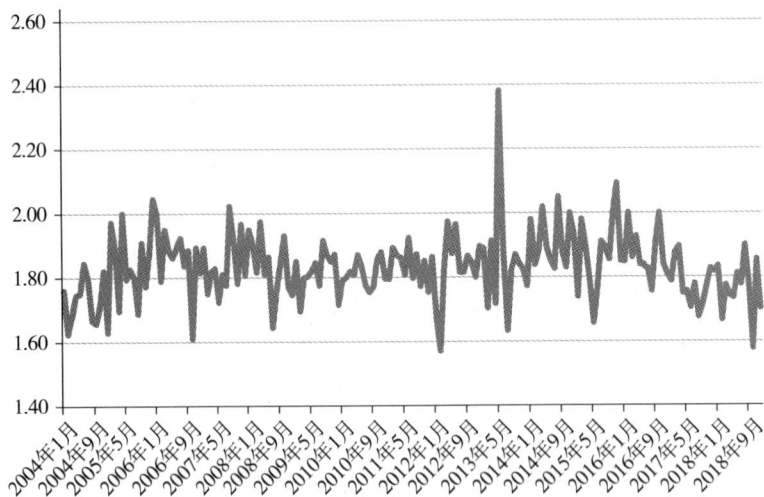

图 3-10　上市公司不同月度平均信用增级强度

资料来源：笔者整理。

从图 3-10 和表 3-7 可以看出，样本贷款合约月度平均信用增级强度走势总体上与年度趋势一致，但不同月份波动性也比较明显。样本期间，上市公司贷款平均信用增级强度的阶段性高点出现在 2013 年 5 月，达到 2.38；阶段性低点出现在 2012 年 2 月，为 1.57。另外，自 2016 年 2 月以来，上市公司贷款平均信用增级强度总体呈下降趋势，与年度变动趋势一致，从 2016 年 2 月的 2.00 逐步下降至 2018 年 12 月的 1.70。

自 2004 年以来，上市公司不同月度平均非信用贷款占比变动情况如表 3-8 和图 3-11 所示。

表 3-7　上市公司不同月度平均信用增级强度

月度	平均信用增级强度	月度	平均信用增级强度	月度	平均信用增级强度	月度	平均信用增级强度	月度	平均信用增级强度
2004 年 1 月	1.76	2007 年 1 月	1.89	2010 年 1 月	1.79	2013 年 1 月	1.89	2016 年 1 月	1.85
2004 年 2 月	1.63	2007 年 2 月	1.75	2010 年 2 月	1.80	2013 年 2 月	1.70	2016 年 2 月	2.00
2004 年 3 月	1.68	2007 年 3 月	1.82	2010 年 3 月	1.82	2013 年 3 月	1.91	2016 年 3 月	1.86
2004 年 4 月	1.74	2007 年 4 月	1.83	2010 年 4 月	1.81	2013 年 4 月	1.72	2016 年 4 月	1.93
2004 年 5 月	1.75	2007 年 5 月	1.72	2010 年 5 月	1.87	2013 年 5 月	2.38	2016 年 5 月	1.84
2004 年 6 月	1.84	2007 年 6 月	1.81	2010 年 6 月	1.83	2013 年 6 月	1.88	2016 年 6 月	1.83
2004 年 7 月	1.80	2007 年 7 月	1.78	2010 年 7 月	1.77	2013 年 7 月	1.63	2016 年 7 月	1.83
2004 年 8 月	1.67	2007 年 8 月	2.02	2010 年 8 月	1.75	2013 年 8 月	1.82	2016 年 8 月	1.76
2004 年 9 月	1.66	2007 年 9 月	1.92	2010 年 9 月	1.77	2013 年 9 月	1.87	2016 年 9 月	1.91
2004 年 10 月	1.71	2007 年 10 月	1.78	2010 年 10 月	1.86	2013 年 10 月	1.84	2016 年 10 月	2.00
2004 年 11 月	1.82	2007 年 11 月	1.97	2010 年 11 月	1.88	2013 年 11 月	1.82	2016 年 11 月	1.84
2004 年 12 月	1.63	2007 年 12 月	1.81	2010 年 12 月	1.80	2013 年 12 月	1.77	2016 年 12 月	1.81
2005 年 1 月	1.97	2008 年 1 月	1.95	2011 年 1 月	1.79	2014 年 1 月	1.98	2017 年 1 月	1.79
2005 年 2 月	1.89	2008 年 2 月	1.90	2011 年 2 月	1.89	2014 年 2 月	1.84	2017 年 2 月	1.88
2005 年 3 月	1.70	2008 年 3 月	1.82	2011 年 3 月	1.87	2014 年 3 月	1.88	2017 年 3 月	1.89
2005 年 4 月	2.00	2008 年 4 月	1.97	2011 年 4 月	1.86	2014 年 4 月	2.02	2017 年 4 月	1.75
2005 年 5 月	1.79	2008 年 5 月	1.81	2011 年 5 月	1.81	2014 年 5 月	1.89	2017 年 5 月	1.76
2005 年 6 月	1.83	2008 年 6 月	1.86	2011 年 6 月	1.92	2014 年 6 月	1.85	2017 年 6 月	1.71

续表

月度	平均信用增级强度	月度	平均信用增级强度	月度	平均信用增级强度	月度	平均信用增级强度	月度	平均信用增级强度
2005 年 7 月	1.80	2008 年 7 月	1.64	2011 年 7 月	1.80	2014 年 7 月	1.83	2017 年 7 月	1.78
2005 年 8 月	1.69	2008 年 8 月	1.76	2011 年 8 月	1.87	2014 年 8 月	2.05	2017 年 8 月	1.68
2005 年 9 月	1.91	2008 年 9 月	1.84	2011 年 9 月	1.77	2014 年 9 月	1.88	2017 年 9 月	1.72
2005 年 10 月	1.77	2008 年 10 月	1.93	2011 年 10 月	1.85	2014 年 10 月	1.83	2017 年 10 月	1.77
2005 年 11 月	1.88	2008 年 11 月	1.77	2011 年 11 月	1.75	2014 年 11 月	2.00	2017 年 11 月	1.83
2005 年 12 月	2.05	2008 年 12 月	1.75	2011 年 12 月	1.86	2014 年 12 月	1.93	2017 年 12 月	1.82
2006 年 1 月	2.00	2009 年 1 月	1.85	2012 年 1 月	1.67	2015 年 1 月	1.74	2018 年 1 月	1.83
2006 年 2 月	1.79	2009 年 2 月	1.70	2012 年 2 月	1.57	2015 年 2 月	1.98	2018 年 2 月	1.67
2006 年 3 月	1.95	2009 年 3 月	1.80	2012 年 3 月	1.83	2015 年 3 月	1.90	2018 年 3 月	1.77
2006 年 4 月	1.88	2009 年 4 月	1.80	2012 年 4 月	1.97	2015 年 4 月	1.79	2018 年 4 月	1.74
2006 年 5 月	1.86	2009 年 5 月	1.82	2012 年 5 月	1.87	2015 年 5 月	1.66	2018 年 5 月	1.74
2006 年 6 月	1.89	2009 年 6 月	1.85	2012 年 6 月	1.97	2015 年 6 月	1.77	2018 年 6 月	1.81
2006 年 7 月	1.92	2009 年 7 月	1.78	2012 年 7 月	1.82	2015 年 7 月	1.91	2018 年 7 月	1.78
2006 年 8 月	1.84	2009 年 8 月	1.92	2012 年 8 月	1.82	2015 年 8 月	1.89	2018 年 8 月	1.90
2006 年 9 月	1.88	2009 年 9 月	1.87	2012 年 9 月	1.87	2015 年 9 月	1.85	2018 年 9 月	1.77
2006 年 10 月	1.61	2009 年 10 月	1.85	2012 年 10 月	1.85	2015 年 10 月	2.00	2018 年 10 月	1.58
2006 年 11 月	1.89	2009 年 11 月	1.87	2012 年 11 月	1.80	2015 年 11 月	2.09	2018 年 11 月	1.85
2006 年 12 月	1.81	2009 年 12 月	1.72	2012 年 12 月	1.90	2015 年 12 月	1.85	2018 年 12 月	1.70

资料来源：笔者整理。

表3-8 上市公司不同月度平均非信用贷款占比

单位：%

月度	非信用贷款占比	月度	非信用贷款占比	月度	非信用贷款占比	月度	非信用贷款占比	月度	非信用贷款占比
2004年1月	76.00	2007年1月	87.69	2010年1月	78.34	2013年1月	84.13	2016年1月	77.78
2004年2月	62.50	2007年2月	75.00	2010年2月	77.27	2013年2月	63.64	2016年2月	83.33
2004年3月	68.27	2007年3月	76.06	2010年3月	75.47	2013年3月	82.52	2016年3月	75.50
2004年4月	72.34	2007年4月	73.44	2010年4月	78.81	2013年4月	67.95	2016年4月	75.41
2004年5月	75.00	2007年5月	70.21	2010年5月	81.68	2013年5月	79.63	2016年5月	77.21
2004年6月	81.25	2007年6月	77.27	2010年6月	79.37	2013年6月	81.00	2016年6月	72.67
2004年7月	69.39	2007年7月	74.63	2010年7月	75.94	2013年7月	56.73	2016年7月	76.52
2004年8月	66.67	2007年8月	89.53	2010年8月	73.73	2013年8月	77.53	2016年8月	66.88
2004年9月	65.71	2007年9月	83.33	2010年9月	71.76	2013年9月	83.00	2016年9月	80.66
2004年10月	69.05	2007年10月	76.56	2010年10月	77.31	2013年10月	76.32	2016年10月	78.95
2004年11月	76.92	2007年11月	80.22	2010年11月	76.43	2013年11月	76.80	2016年11月	75.43
2004年12月	62.92	2007年12月	76.34	2010年12月	71.05	2013年12月	75.25	2016年12月	74.16
2005年1月	94.59	2008年1月	88.98	2011年1月	71.63	2014年1月	94.00	2017年1月	75.53
2005年2月	89.29	2008年2月	83.33	2011年2月	79.52	2014年2月	83.87	2017年2月	79.17
2005年3月	67.86	2008年3月	74.49	2011年3月	81.82	2014年3月	81.40	2017年3月	78.07
2005年4月	89.83	2008年4月	83.12	2011年4月	83.72	2014年4月	92.45	2017年4月	68.48
2005年5月	79.49	2008年5月	78.95	2011年5月	75.76	2014年5月	81.54	2017年5月	70.41
2005年6月	76.19	2008年6月	81.05	2011年6月	80.00	2014年6月	81.48	2017年6月	63.03

续表

月度	非信用贷款占比	月度	非信用贷款占比	月度	非信用贷款占比	月度	非信用贷款占比	月度	非信用贷款占比
2005年7月	75.00	2008年7月	55.14	2011年7月	72.46	2014年7月	80.43	2017年7月	71.15
2005年8月	68.75	2008年8月	72.15	2011年8月	81.43	2014年8月	83.33	2017年8月	61.90
2005年9月	85.53	2008年9月	75.49	2011年9月	72.83	2014年9月	69.23	2017年9月	66.04
2005年10月	75.00	2008年10月	86.84	2011年10月	78.36	2014年10月	82.98	2017年10月	70.37
2005年11月	85.71	2008年11月	74.73	2011年11月	66.67	2014年11月	76.54	2017年11月	77.54
2005年12月	90.91	2008年12月	72.54	2011年12月	81.70	2014年12月	76.40	2017年12月	73.04
2006年1月	94.59	2009年1月	82.53	2012年1月	67.39	2015年1月	62.32	2018年1月	75.76
2006年2月	73.68	2009年2月	64.84	2012年2月	57.14	2015年2月	90.38	2018年2月	61.54
2006年3月	94.24	2009年3月	76.85	2012年3月	79.31	2015年3月	81.25	2018年3月	68.00
2006年4月	87.18	2009年4月	77.91	2012年4月	88.46	2015年4月	79.31	2018年4月	63.64
2006年5月	78.46	2009年5月	71.22	2012年5月	83.16	2015年5月	64.38	2018年5月	69.44
2006年6月	80.36	2009年6月	79.04	2012年6月	84.03	2015年6月	77.03	2018年6月	70.69
2006年7月	86.54	2009年7月	74.49	2012年7月	73.79	2015年7月	85.90	2018年7月	75.00
2006年8月	81.82	2009年8月	81.50	2012年8月	77.11	2015年8月	80.00	2018年8月	81.16
2006年9月	75.64	2009年9月	82.38	2012年9月	78.15	2015年9月	76.36	2018年9月	68.00
2006年10月	60.98	2009年10月	82.53	2012年10月	79.76	2015年10月	95.92	2018年10月	51.11
2006年11月	85.71	2009年11月	80.34	2012年11月	76.84	2015年11月	90.77	2018年11月	73.03
2006年12月	81.43	2009年12月	66.18	2012年12月	81.94	2015年12月	82.71	2018年12月	66.34

资料来源：笔者整理。

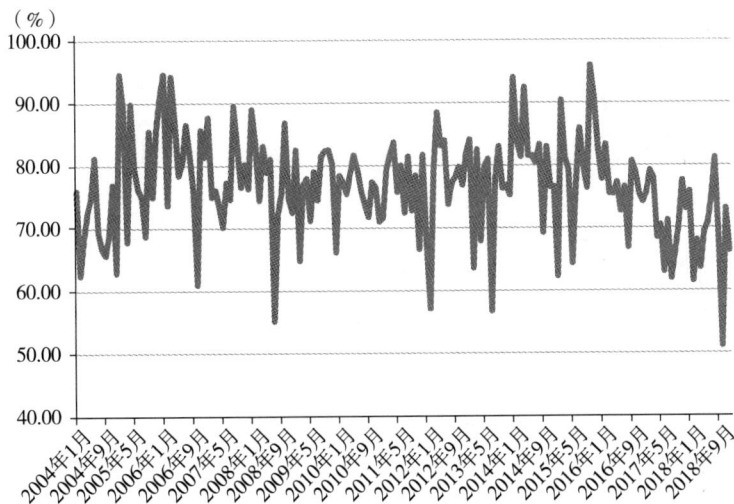

图 3-11　上市公司不同月度平均非信用贷款占比

资料来源：笔者整理。

从表 3-8 和图 3-11 可以看出，上市公司平均非信用贷款占比月度变动趋势与年度情形基本一致。在 2015 年 10 月达到阶段性高点 95.92 之后，上市公司平均非信用贷款占比总体上呈下降趋势，至 2018 年 12 月下降至 66.34，下降了 29.58 个百分点。其中，在 2018 年 10 月出现了 51.11 的阶段性低点。上市公司非信用贷款占比下降趋势非常明显，即商业银行越来越多地采取信用方式向上市公司发放贷款，对信用增级措施的要求不断降低。

3.4　贷款额度

3.4.1　年度趋势

自 2004 年以来，上市公司不同年度平均贷款额度变动情况如表 3-9 和图 3-12 所示。

表 3-9　上市公司不同年度平均贷款额度　　　　单位：%

年度	平均贷款额度
2004	5.34
2005	4.12
2006	2.74
2007	4.72
2008	3.41
2009	3.64
2010	3.32
2011	1.63
2012	1.76
2013	1.75
2014	1.16
2015	1.09
2016	1.32
2017	0.88
2018	0.75

资料来源：笔者整理。

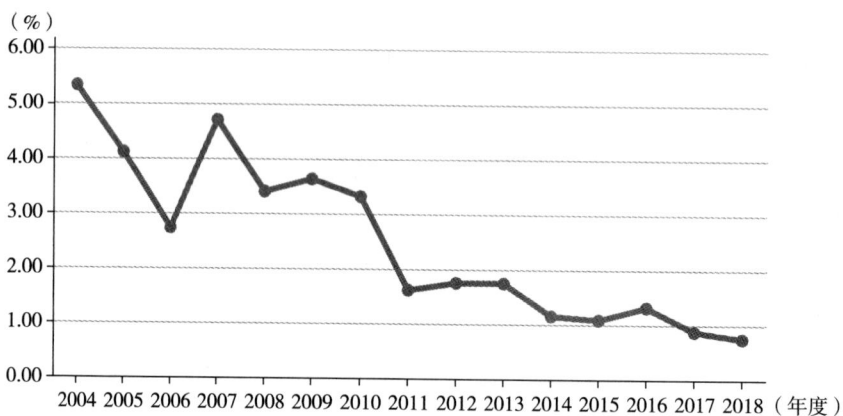

图 3-12　上市公司不同年度平均贷款额度

资料来源：笔者整理。

从表 3-9 可以看到，2004~2018 年，商业银行向上市公司提供的贷款金额在上市公司总资产中平均占比为 2.51%，说明银行提供的每笔贷款额度相对于上市公司的资产规模而言还比较小。另外，从图 3-12 可以看出，自 2004 年以来，商业银行向上市公司提供的单笔贷款在上市公司总资产中占比呈现明显的下降趋势。出现这种情况可能有两方面原因：一是贷款金额本身的变化。样本数据显示，自 2004 年以来，银行向上市公司提供的贷款金额总体上呈下降趋势。其中，2004 年平均贷款金额为 1.55 亿元，而到 2018 年，平均贷款金额仅为 0.52 亿元，下降幅度明显。其背后的原因可能在于，随着银行业金融机构的增加，越来越多的中小银行开始向上市公司提供贷款，包括城商行、农商行、村镇银行等。由于受单笔贷款额度限制，这些中小银行的最高单笔贷款额度要低于大银行。二是上市公司本身资产规模的增加。近年来，上市公司平均经营规模总体上稳步扩张，进而导致单笔银行贷款相对于上市公司总资产的比例不断下降。

3.4.2 月度趋势

自 2004 年以来，上市公司不同月度平均贷款额度变动情况如图 3-13 和表 3-10 所示。

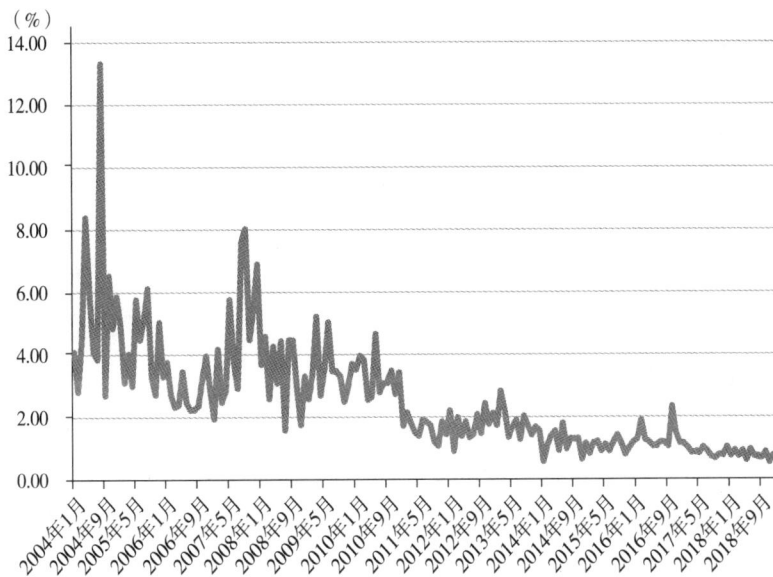

图 3-13 上市公司不同月度平均贷款额度

资料来源：笔者整理。

单位：%

表 3-10 上市公司不同月度平均贷款额度

月度	平均贷款额度	月度	平均贷款额度	月度	平均贷款额度	月度	平均贷款额度	月度	平均贷款额度
2004 年 1 月	4.09	2007 年 1 月	1.94	2010 年 1 月	3.52	2013 年 1 月	1.74	2016 年 1 月	1.29
2004 年 2 月	2.81	2007 年 2 月	4.17	2010 年 2 月	3.96	2013 年 2 月	2.83	2016 年 2 月	1.90
2004 年 3 月	4.46	2007 年 3 月	2.48	2010 年 3 月	3.83	2013 年 3 月	2.23	2016 年 3 月	1.27
2004 年 4 月	8.39	2007 年 4 月	2.86	2010 年 4 月	2.55	2013 年 4 月	1.36	2016 年 4 月	1.20
2004 年 5 月	5.98	2007 年 5 月	5.76	2010 年 5 月	2.65	2013 年 5 月	1.68	2016 年 5 月	1.06
2004 年 6 月	4.07	2007 年 6 月	3.79	2010 年 6 月	4.67	2013 年 6 月	1.90	2016 年 6 月	1.11
2004 年 7 月	3.85	2007 年 7 月	2.92	2010 年 7 月	2.79	2013 年 7 月	1.29	2016 年 7 月	1.20
2004 年 8 月	13.32	2007 年 8 月	7.63	2010 年 8 月	3.08	2013 年 8 月	2.04	2016 年 8 月	1.18
2004 年 9 月	2.70	2007 年 9 月	8.02	2010 年 9 月	3.14	2013 年 9 月	1.72	2016 年 9 月	1.06
2004 年 10 月	6.53	2007 年 10 月	4.47	2010 年 10 月	3.48	2013 年 10 月	1.42	2016 年 10 月	2.34
2004 年 11 月	4.86	2007 年 11 月	5.48	2010 年 11 月	2.74	2013 年 11 月	1.68	2016 年 11 月	1.49
2004 年 12 月	5.87	2007 年 12 月	6.90	2010 年 12 月	3.43	2013 年 12 月	1.56	2016 年 12 月	1.17
2005 年 1 月	4.94	2008 年 1 月	3.68	2011 年 1 月	1.71	2014 年 1 月	0.57	2017 年 1 月	1.13
2005 年 2 月	3.11	2008 年 2 月	4.57	2011 年 2 月	2.15	2014 年 2 月	1.10	2017 年 2 月	1.04
2005 年 3 月	4.02	2008 年 3 月	2.59	2011 年 3 月	1.81	2014 年 3 月	1.40	2017 年 3 月	0.86
2005 年 4 月	3.00	2008 年 4 月	4.26	2011 年 4 月	1.51	2014 年 4 月	1.55	2017 年 4 月	0.89
2005 年 5 月	5.77	2008 年 5 月	3.09	2011 年 5 月	1.40	2014 年 5 月	0.92	2017 年 5 月	0.84
2005 年 6 月	4.48	2008 年 6 月	4.43	2011 年 6 月	1.91	2014 年 6 月	1.80	2017 年 6 月	1.04
2005 年 7 月	5.10	2008 年 7 月	1.58	2011 年 7 月	1.85	2014 年 7 月	0.98	2017 年 7 月	0.91

续表

月度	平均贷款额度	月度	平均贷款额度	月度	平均贷款额度	月度	平均贷款额度	月度	平均贷款额度
2005 年 8 月	6.13	2008 年 8 月	4.46	2011 年 8 月	1.74	2014 年 8 月	1.31	2017 年 8 月	0.74
2005 年 9 月	3.28	2008 年 9 月	4.44	2011 年 9 月	1.21	2014 年 9 月	1.28	2017 年 9 月	0.67
2005 年 10 月	2.72	2008 年 10 月	2.93	2011 年 10 月	1.08	2014 年 10 月	1.32	2017 年 10 月	0.79
2005 年 11 月	5.05	2008 年 11 月	1.75	2011 年 11 月	1.85	2014 年 11 月	0.65	2017 年 11 月	0.76
2005 年 12 月	3.30	2008 年 12 月	3.30	2011 年 12 月	1.45	2014 年 12 月	1.16	2017 年 12 月	1.04
2006 年 1 月	3.76	2009 年 1 月	2.58	2012 年 1 月	2.21	2015 年 1 月	0.83	2018 年 1 月	0.75
2006 年 2 月	2.71	2009 年 2 月	3.44	2012 年 2 月	0.91	2015 年 2 月	1.18	2018 年 2 月	0.93
2006 年 3 月	2.33	2009 年 3 月	5.23	2012 年 3 月	1.99	2015 年 3 月	1.22	2018 年 3 月	0.75
2006 年 4 月	2.39	2009 年 4 月	2.69	2012 年 4 月	1.39	2015 年 4 月	0.92	2018 年 4 月	0.92
2006 年 5 月	3.46	2009 年 5 月	3.54	2012 年 5 月	1.85	2015 年 5 月	1.13	2018 年 5 月	0.61
2006 年 6 月	2.47	2009 年 6 月	5.04	2012 年 6 月	1.35	2015 年 6 月	0.91	2018 年 6 月	0.96
2006 年 7 月	2.23	2009 年 7 月	3.47	2012 年 7 月	1.44	2015 年 7 月	1.20	2018 年 7 月	0.74
2006 年 8 月	2.27	2009 年 8 月	3.44	2012 年 8 月	2.08	2015 年 8 月	1.43	2018 年 8 月	0.69
2006 年 9 月	2.36	2009 年 9 月	3.32	2012 年 9 月	1.48	2015 年 9 月	1.16	2018 年 9 月	0.69
2006 年 10 月	3.22	2009 年 10 月	2.50	2012 年 10 月	2.44	2015 年 10 月	0.80	2018 年 10 月	0.88
2006 年 11 月	3.96	2009 年 11 月	3.01	2012 年 11 月	1.77	2015 年 11 月	1.02	2018 年 11 月	0.54
2006 年 12 月	2.88	2009 年 12 月	3.70	2012 年 12 月	2.13	2015 年 12 月	1.20	2018 年 12 月	0.77

资料来源：笔者整理。

从图 3-13 和表 3-10 可以看出，上市公司平均贷款额度月度变动趋势与年度变动情况基本一致。样本期间，上市公司平均贷款额度于 2004 年 8 月达到阶段性高点 13.32%；在此之后呈现先上升后下降的趋势，至 2007 年 9 月达到 8.02% 的阶段性高点；此后上市公司平均贷款额度总体上不断下降，至 2018 年 12 月降至 0.77%，意味着贷款金额在借款人总资产中的平均占比不到 1%。

3.5 本章小结

基于前文的分析，笔者对上市公司信贷融资条件的总体特征和时间趋势总结如下：

第一，上市公司实际银行贷款利率总体上随着贷款基准利率的波动而波动。说明基准利率是商业银行确定贷款利率时最主要的参考因素。不过，从 2017 年开始，上市公司平均贷款利率走势与基准利率出现了偏离，反映出贷款利率管制放开以后商业银行自主定价能力的提升。

第二，自 2008 年以来，上市公司平均贷款利差呈现出稳步上升的趋势。反映出上市公司相对融资成本的增加。这一趋势可能与利率市场化进程有关：随着贷款利率的逐步放开，商业银行自主定价能力不断提升，反而会向借款人索要更高的资金价格。

第三，商业银行向上市公司发放的贷款呈现明显的短期化趋势。平均贷款期限从 2004 年的 5.32 年下降到 2018 的 1.67 年，下降幅度达到 3.65 年，后者仅为前者的 31.41%。

第四，商业银行提供贷款时要求上市公司提供的信用增级强度不断下降。银行越来越多地采用信用方式提供贷款，或者降低对信用增级措施的要求。这一趋势可能与商业银行风控能力不断提升、社会信用体系不断完善以及平均贷款期限的短期化有关。

第五，商业银行向上市公司贷款的平均额度呈下降趋势，即贷款金额相对于上市公司资产规模的平均比例不断下降。潜在的原因包括以下两个方面：一方面，银行贷款绝对金额呈现一定程度的小额化趋势；另一方面，上市公司平均资产规模不断上升，导致单笔贷款相对于借款人资产的比例不断下降。

part

4

不同区域上市公司信贷融资条件

从本章开始，笔者将分析哪些因素会对上市公司的信贷融资条件产生影响。对不同省份和不同区域上市公司的信贷融资条件进行分析。我国幅员辽阔，不同地区经济社会发展差异较大（王小鲁等，2017）。外部环境的差异将会作用于银行和上市公司等微观主体，并对上市公司信贷融资条件产生影响。从理论上说，不同区域上市公司在信贷融资条件上存在差异的原因主要在于以下几方面：

首先，从金融供给角度看，我国不同区域金融发展水平不同。部分经济发达地区积聚了大量金融机构，金融业高度发达，金融业竞争程度非常高，如北京、上海等一线城市。金融发展水平较高增大了金融供给，为上市公司筹资提供了更多的融资选择渠道；与之相比，部分地区金融业发展相对落后，金融机构数量较少，金融供给不够充分。大量研究表明，金融发展水平越高，企业融资难度越低，企业面临的融资约束越小（Love，2003；Khurana et al.，2006；饶华春，2009；沈红波等，2010；姚耀军和董钢锋，2015）。因此，不同区域金融供给的差异将会对上市公司信贷融资条件产生影响。

其次，从金融需求角度看，一方面，不同区域经济发展水平不同，位于该地区的上市公司质量也存在较大差异。总体上看，经济发展水平较高的地区上市公司经营状况相对较高，经营风险相对较低，公司质量相对较好；而经济发展水平较低的地区上市公司经营状况相对较差，经营风险相对较大，公司质量相对较差。另一方面，不同地区的产业结构存在较大差异，本地上市公司往往较多地集中于特定产业。例如，部分产业是资本密集型产业，具有较高的信贷融资需求；部分产业是非资本密集型产业，并不具有太高的信贷融资需求。区域经济发展差异化使该地区上市公司在金融需求方面产生较大的异质性，进而影响到信贷融资条件（周中胜和罗正英，2007；罗正英等，2010；盛丹和王永进，2013）。

最后，从外部环境角度看，上市公司的融资条件依赖于外部市场环境。一是地区法治化水平（王小鲁等，2017）。良好的法治化水平能够对债权人和债务人提供有效的保护，从而改变信贷融资条件。二是政府与企业之间的关系。例如，地方政府对商业银行和企业的干预程度、对本地企业补贴力度的大小等，都会对信贷融资条件产生影响（Laporta et al.，1997；Khurana et al.，2006；谢德仁和张高菊，2007；余明桂和潘红波，2008）。

4.1 贷款成本

4.1.1 不同省份

2004~2018 年不同省份上市公司平均贷款成本如表 4-1 和图 4-1 所示。

表 4-1 不同省份上市公司平均贷款成本　　　　　单位：%

省份	平均贷款利率	平均贷款利差	省份	平均贷款利率	平均贷款利差
安徽	5.50	-0.12	辽宁	6.07	0.10
北京	6.22	0.24	内蒙古	6.45	0.59
福建	6.14	0.29	宁夏	7.21	0.62
甘肃	6.25	0.50	青海	6.39	0.12
广东	5.70	-0.17	山东	5.90	-0.12
广西	5.80	0.00	山西	5.77	-0.20
贵州	6.37	0.30	陕西	5.81	-0.20
海南	6.28	0.20	上海	5.98	-0.04

续表

省份	平均贷款利率	平均贷款利差	省份	平均贷款利率	平均贷款利差
河北	6.01	-0.06	四川	6.03	0.05
河南	5.98	-0.08	天津	6.57	0.51
黑龙江	5.99	-0.29	西藏	3.80	-1.35
湖北	6.22	0.08	新疆	5.70	-0.33
湖南	6.07	0.09	云南	6.16	0.19
吉林	6.24	0.10	浙江	6.19	0.26
江苏	6.04	0.18	重庆	6.39	0.24
江西	6.02	-0.10	—	—	—

资料来源：笔者整理。

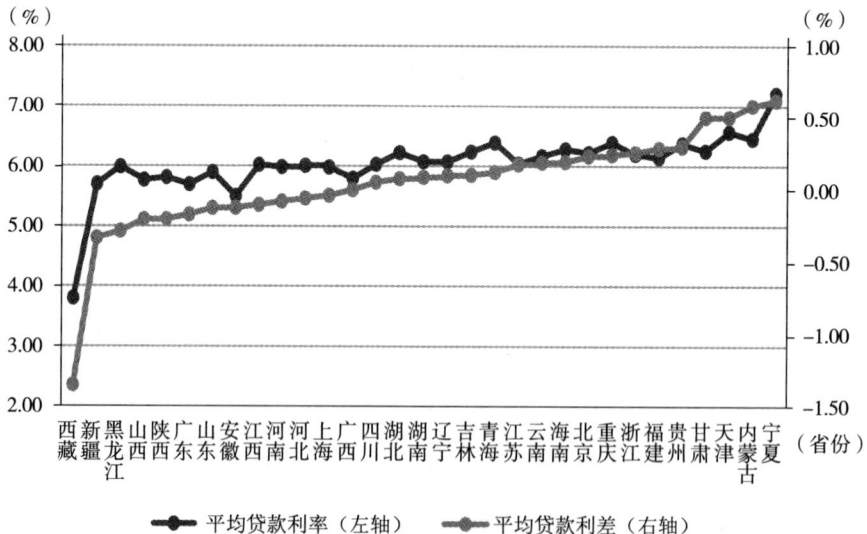

图4-1　不同省份上市公司平均贷款成本

资料来源：笔者整理。

从表4-1和图4-1可以看出，不同省份的上市公司在贷款成本方面存在着较大差异。在样本上市公司贷款合约中，平均贷款成本最低的省份为西藏，其平均贷款利率仅为3.8%，平均贷款利差为-1.35%。可以看出，西藏的上市公司平均贷款利率远低于全国平均水平，也远低于基准利率水平。西藏地区上市公司较低的贷款融资成本可能源于以下几方面原因：首先，利率从本质上说是资金的价格，而特定区域的资金价格从根本上取决于本地经济的整体收益率即经济发展状况。西藏属于我国经济发展相对落后的地区，地区经济增长缓慢，决定了本地资金价格处于相对较低的水平。其次，西藏企业发展相对缓慢，由此产生的金融需求相对较低。尽管西藏的金融供给也不充分，但有效金融需求的缺乏也会拉低本地市场资金价格。最后，西藏较低的融资成本与国家对西藏地区的扶持政策有关：一方面，商业银行为履行社会责任，对位于西藏等经济发展相对落后地区的上市公司通常会给予更加优惠的融资条件；另一方面，西藏等经济发展相对落后地区的上市公司在申请银行借款时，通常会有一些财政或税收方面的优惠政策，通过政府财政贴息或税收减免对金融机构向此类地区上市公司发放贷款进行补偿，减少金融机构在利息收入上的损失。

除西藏之外，安徽、广东、新疆、山西、广西、陕西、山东、上海、河南、黑龙江等地的上市公司平均贷款成本也比较低。样本期间上述省份平均贷款利差均为负值，说明以上地区上市公司平均贷款利率总体上要低于基准利率。

与之相比，宁夏上市公司平均贷款利率高达 7.21%，平均贷款利差也达到 0.62%，是全国各省份中上市公司平均贷款成本最高的省份。除此之外，天津、内蒙古等省份上市公司平均贷款成本也比较高。通过比较可以看出，宁夏与西藏上市公司平均贷款利率的差异达到 3.41 个百分点，平均贷款利差的差异达到 1.98 个百分点。

值得注意的是，不同省份上市公司平均贷款成本与地区经济发展水平之间并不存在简单的线性关系。例如，同样作为经济发展水平相对落后的地区，西藏上市公司平均贷款成本非常低，但宁夏上市公司平均贷款成本却非常高；类似地，同样作为经济发展水平较高的地区，广东上市公司平均贷款成本相对较低，天津、北京等地的上市公司平均贷款成本则相对较高。出现这种情况的原因可能在于：如前所述，实际中上市公司贷款成本会受到多种因素共同影响，包括经济发展水平、金融业发展、地方法治化水平、政府对企业的支持政策等。其中，不同因素对贷款成本的影响可能是同向的，也可能会相互抵消。例如，一方面，经济发展水平较高可能会使本地企业整体收益率较高，从而能够承受较高的融资成本；另一方面，经济发展水平较高的地区往往金融业发展也比较好，金融竞争更加充分，金融供给的增加又会在一定程度上降低企业的融资成本。在上述不同因素的共同作用下,上市公司贷款成本与所在地区经济发展水平之间并不存在简单的线性关系。

4.1.2 不同省份时间趋势

笔者进一步分析各个省份在样本期间的变动趋势。由于部分省份在部分年度贷款合约数量较少,在分析中按照三年的时间间隔将样本期间划分为以下五个时间区间:2004~2006 年、2007~2009 年、2010~2012 年、2013~2015 年、2016~2018 年,通过拉大时间间隔扩大每一个时间段中各个省份贷款合约样本的数量。为了提高分析结果的可靠性,如果给定省份在某一时间区间内贷款合约数量少于 30 个,则将其进行剔除,作为缺失值处理。

1. 平均贷款利率

2004~2018 年,各个省份在不同时间区间内上市公司平均贷款利率变动情况如表 4-2 所示。

表 4-2 不同省份平均贷款利率变动情况 单位:%

省份	2004~2006 年	2007~2009 年	2010~2012 年	2013~2015 年	2016~2018 年
安徽	5.13	5.66	6.29	5.61	4.65
北京	6.07	5.99	6.39	6.63	5.59
福建	—	6.05	6.53	6.76	4.78
甘肃	—	6.22	6.39	7.15	—
广东	5.85	5.61	6.02	5.91	4.86
广西	5.79	5.96	6.18	5.57	4.85
贵州	6.13	6.49	6.95	—	—
海南	—	6.52	6.42	6.34	—
河北	6.57	5.82	6.15	5.94	—
河南	6.02	5.67	6.17	6.54	—
湖北	5.71	6.09	6.48	6.73	5.16
湖南	4.91	6.05	6.43	—	5.91
吉林	—	6.41	6.47	6.57	

续表

省份	2004~2006 年	2007~2009 年	2010~2012 年	2013~2015 年	2016~2018 年
江苏	6.15	5.86	6.29	6.18	5.17
江西	—	6.49	6.35	5.36	—
辽宁	5.57	5.76	6.49	6.70	—
内蒙古	6.39	6.76	6.84	7.14	4.94
宁夏	6.74	7.87	6.41	—	—
山东	5.86	5.78	6.22	6.00	4.96
山西	5.67	5.78	5.71	6.08	—
陕西	—	5.87	5.92	5.77	—
上海	6.12	6.00	6.21	5.87	5.28
四川	6.18	6.28	6.04	5.98	4.92
天津	6.38	7.11	6.61	6.65	4.87
西藏	—	—	5.15	—	2.82
新疆	5.32	5.67	6.11	5.83	4.97
云南	6.64	5.62	6.47	7.77	—
浙江	6.28	5.94	6.58	6.56	4.74
重庆	—	6.10	6.23	7.76	—

资料来源：笔者整理。

从表4-2可以看出，2004~2006年，上市公司平均贷款利率最高的三个省份是宁夏、云南、河北，分别为6.74%、6.64%、6.57%；平均贷款利率最低的三个省份是湖南、安徽、新疆，分别为4.91%、5.13%、5.32%。平均贷款利率最高的宁夏与最低的湖南相差1.83个百分点。

2007~2009年，上市公司平均贷款利率最高的三个省份是宁夏、天津、内蒙古，分别为7.87%、7.11%、6.76%；平均贷款利率最低的三个省份是广东、云南、安徽，分别为5.61%、5.62%、5.66%。平均贷款利率最高的宁夏与最低的广东相差2.26个百分点，差距与2004~2006年相比有所扩大。

2010~2012年，上市公司平均贷款利率最高的三个省份是贵州、内蒙古、上海，分别为6.95%、6.84%、6.61%；平均贷款利率最低的三个省份是西藏、山西、陕西，分别为5.15%、5.71%、5.92%。平均贷款利率最高的贵州与最低的西藏相差1.80个百分点，差距与2007~2009年相比有所缩小，与 2004~2006 年基本持平。

2013~2015 年，上市公司平均贷款利率最高的三个省份是云南、重庆、甘肃，分别为 7.77%、7.76%、7.15%；平均贷款利率最低的三个省份是江西、广西、安徽，分别为 5.36%、5.57%、5.61%。平均贷款利率最高的云南与最低的江西相差 2.41 个百分点，差距与 2010~2012 年相比明显扩大，与 2004~2006 年、2007~2009 年相比也明显增大。

2016~2018 年，上市公司平均贷款利率最高的三个省份是湖南、北京、上海，分别为 5.91%、5.59%、5.28%；平均贷款利率最低的三个省份是西藏、安徽、浙江，分别为 2.82%、4.65%、4.74%。平均贷款利率最高的湖南与最低的西藏相差 3.09 个百分点，差距非常明显。

2. 平均贷款利差

2004~2018 年，各个省份在不同时间区间内上市公司平均贷款利差变动情况如表 4-3 所示。

表 4-3　不同省份平均贷款利差变动情况　　　　单位：%

省份	2004~2006 年	2007~2009 年	2010~2012 年	2013~2015 年	2016~2018 年
安徽	-0.86	-0.33	0.18	-0.28	0.03
北京	0.00	-0.23	0.28	0.72	0.67
福建	—	-0.15	0.40	0.64	0.28
甘肃	—	0.06	0.29	1.87	—
广东	-0.14	-0.46	-0.20	-0.11	0.33
广西	-0.02	-0.02	0.16	-0.17	0.05
贵州	0.16	-0.01	0.77	—	—
海南	—	0.13	0.09	0.36	—
河北	0.45	-0.24	-0.05	-0.24	—
河南	0.05	-0.41	0.07	0.47	—
黑龙江	—	—	-0.04	—	—
湖北	-0.22	-0.18	0.21	0.63	0.62
湖南	-1.12	-0.24	0.16	—	1.14
吉林	—	0.06	0.35	0.63	—
江苏	0.21	-0.12	0.26	0.18	0.49

续表

省份	2004~2006 年	2007~2009 年	2010~2012 年	2013~2015 年	2016~2018 年
江西	—	-0.06	0.23	-0.45	—
辽宁	-0.14	-0.09	0.28	0.53	—
内蒙古	0.54	0.47	0.65	1.07	0.38
宁夏	0.43	0.91	0.13	—	—
青海	—	—	0.45	—	—
山东	-0.12	-0.45	0.14	-0.15	0.27
山西	-0.17	-0.34	-0.34	0.16	—
陕西	—	-0.33	-0.23	-0.41	—
上海	0.16	-0.28	-0.04	-0.10	0.60
四川	0.20	-0.05	-0.08	0.11	0.37
天津	0.40	0.54	0.48	0.68	0.40
西藏	—	—	-0.91	—	-1.14
新疆	-0.56	-0.72	0.00	-0.06	0.34
云南	0.81	-0.44	0.43	1.73	—
浙江	0.21	-0.13	0.37	0.59	0.37
重庆	—	-0.36	0.11	1.75	—

资料来源：笔者整理。

从表4-3可以看出，2004~2006年，上市公司平均贷款利差最高的三个省份是云南、内蒙古、河北，分别为0.81%、0.54%、0.45%；平均贷款利差最低的三个省份是湖南、安徽、新疆，分别为-1.12%、-0.86%、-0.56%。平均贷款利差最高的云南与最低的湖南相差1.93个百分点。

2007~2009年，上市公司平均贷款利差最高的三个省份是宁夏、天津、内蒙古，分别为0.91%、0.54%、0.47%；平均贷款利差最低的三个省份是新疆、广东、山东，分别为-0.72%、-0.46%、-0.45%。平均贷款利差最高的宁夏与最低的新疆相差1.63个百分点，差距与2004~2006年相比有所下降。

2010~2012年，上市公司平均贷款利差最高的三个省份是贵州、内蒙古、天津，分别为0.77%、0.65%、0.48%；平均贷款利差最低的三个省份是西藏、山西、陕西，分别为-0.91%、-0.34%、-0.23%。平均贷款利差最高的贵州与最低的西藏相差 1.68 个百分点，差距与 2007～2009 年相比有所扩大，但低于 2004～2006 年。

2013～2015 年，上市公司平均贷款利差最高的三个省份是甘肃、重庆、云南，分别为 1.87%、1.75%、1.73%；平均贷款利差最低的三个省份是江西、陕西、安徽，分别为-0.45%、-0.41%、-0.28%。平均贷款利差最高的甘肃与最低的江西相差 2.32 个百分点，差距与 2010～2012 年相比明显扩大，与 2004～2006 年、2007～2009 年相比也明显增大。

2016～2018 年，上市公司平均贷款利差最高的三个省份是湖南、北京、湖北，分别为 1.14%、0.67%、0.62%；平均贷款利差最低的三个省份是西藏、安徽、广西，分别为-1.14%、0.03%、0.05%。平均贷款利差最高的湖南与最低的西藏相差 2.28 个百分点，差距与 2013～2015 年比较接近。

总体上，无论是从平均贷款利率还是平均贷款利差来看，不同省份的相对排名都随着时间的变化而变化，不同省份贷款成本在时间变动趋势上也各不相同。

4.1.3　制造业

1. 平均贷款利率

考虑到制造业的重要性以及制造业上市公司贷款合约样本相对较多，对不同省份制造业上市公司在不同时间区间的信贷融资条件进行单独分析。2004～2018 年，各个省份制造业上市公司在不同时间区间内平均贷款利率变动情况如表 4-4 所示。

表 4-4　不同省份制造业平均贷款利率变动情况　　单位：%

省份	2004～2006 年	2007～2009 年	2010～2012 年	2013～2015 年	2016～2018 年
安徽	4.73	5.63	6.27	5.53	4.32
北京	5.69	5.83	6.16	6.40	—
福建	—	6.27	6.12	6.83	4.77
甘肃	—	5.96	6.16	7.15	—
广东	5.78	5.67	5.72	6.05	4.38

省份	2004~2006 年	2007~2009 年	2010~2012 年	2013~2015 年	2016~2018 年
广西	5.80	6.13	6.44	—	—
贵州	—	6.95	6.63	—	—
海南	—	—	—	—	—
河北	—	5.83	6.18	5.71	—
河南	6.54	5.99	6.16	6.32	—
黑龙江	—	—	—	—	—
湖北	5.85	6.06	6.47	6.66	—
湖南	—	6.04	6.40	—	5.95
吉林	—	6.87	—	—	—
江苏	6.07	5.73	6.27	6.00	5.08
江西	—	6.52	6.19	—	—
辽宁	5.64	5.70	6.11	—	—
内蒙古	6.39	6.84	6.92	—	4.71
宁夏	—	7.91	6.40	—	—
青海	—	—	6.91	—	—
山东	5.75	5.83	6.15	5.80	4.97
山西	5.77	5.75	5.61	6.25	—
陕西	—	5.58	5.49	—	—
上海	6.01	6.08	6.19	5.70	5.40
四川	5.48	6.28	6.03	5.66	4.83
天津	—	—	7.17	—	—
新疆	5.24	5.86	6.32	5.88	—
云南	6.69	5.63	6.18	—	—
浙江	—	5.81	6.29	6.35	4.10
重庆	—	6.24	6.20	—	—

资料来源：笔者整理。

从表 4-4 可以看出，2004~2006 年，制造业上市公司平均贷款利率最高的三个省份是云南、河南、内蒙古，分别为 6.69%、6.54%、6.39%；平均贷款利率最低的三个省份是安徽、新疆、四川，分别为 4.73%、

5.24%、5.48%。制造业上市公司平均贷款利率最高的云南与最低的安徽相差 1.96 个百分点。

2007~2009 年，制造业上市公司平均贷款利率最高的三个省份是宁夏、贵州、吉林，分别为 7.91%、6.95%、6.87%；平均贷款利率最低的三个省份是陕西、安徽、云南，分别为 5.58%、5.63%、5.63%。平均贷款利率最高的宁夏与最低的陕西相差 2.33 个百分点，差距与 2004~2006 年相比有所上升。

2010~2012 年，制造业上市公司平均贷款利率最高的三个省份是天津、内蒙古、青海，分别为 7.17%、6.92%、6.91%；平均贷款利率最低的三个省份是陕西、山西、广东，分别为 5.49%、5.61%、5.72%。平均贷款利率最高的天津与最低的陕西相差 1.68 个百分点，差距与 2007~2009 年相比有所下降。

2013~2015 年，制造业上市公司平均贷款利率最高的三个省份是甘肃、福建、湖北，分别为 7.15%、6.83%、6.66%；平均贷款利率最低的三个省份是安徽、四川、上海，分别为 5.53%、5.66%、5.70%。平均贷款利率最高的甘肃与最低的安徽相差 1.62 个百分点，差距与 2010~2012 年相比基本持平。

2016~2018 年，制造业上市公司平均贷款利率最高的三个省份是湖南、上海、江苏，分别为 5.95%、5.40%、5.08%；平均贷款利率最低的三个省份是浙江、安徽、广东，分别为 4.10%、4.32%、4.38%。平均贷款利率最高的湖南与最低的浙江相差 1.85 个百分点，差距与 2013~2015 年相比有所加大。

2. 平均贷款利差

2004~2018 年，各个省份制造业上市公司在不同时间区间内平均贷款利差变动情况如表 4-5 所示。

表 4-5　不同省份制造业平均贷款利差变动情况　　单位：%

省份	2004~2006 年	2007~2009 年	2010~2012 年	2013~2015 年	2016~2018 年
安徽	-1.35	-0.17	0.17	-0.35	-0.09
北京	-0.35	-0.28	-0.04	0.33	0.04
福建	—	0.03	0.09	0.55	0.39

续表

省份	2004~2006 年	2007~2009 年	2010~2012 年	2013~2015 年	2016~2018 年
甘肃	—	-0.07	0.06	1.87	—
广东	-0.11	-0.48	-0.40	-0.10	0.11
广西	0.11	0.28	0.36	—	—
贵州	—	0.58	0.46	—	—
海南	—	—	—	—	—
河北	—	-0.19	-0.04	-0.49	—
河南	0.45	-0.10	0.11	0.25	—
黑龙江	—	—	—	—	—
湖北	0.14	-0.15	0.14	0.57	—
湖南	—	-0.12	0.11	—	1.19
吉林	—	0.08	—	—	—
江苏	0.17	-0.18	0.04	0.00	0.48
江西	—	0.30	0.16	—	—
辽宁	-0.03	-0.04	-0.02	—	—
内蒙古	0.54	0.57	0.72	—	0.16
宁夏	—	0.92	0.18	—	—
青海	—	—	0.60	—	—
山东	-0.25	-0.41	0.04	-0.34	0.27
山西	0.09	-0.27	-0.40	0.62	—
陕西	—	-0.21	-0.61	—	—
上海	-0.11	-0.38	-0.08	-0.20	0.83
四川	-0.50	0.11	-0.07	-0.11	0.39
天津	—	—	1.19	—	—
新疆	-0.66	-0.62	0.13	-0.16	—
云南	0.72	-0.50	0.21	—	—
浙江	—	-0.23	0.11	0.29	0.36
重庆	—	-0.40	0.11	—	—

资料来源：笔者整理。

从表4-5可以看出，2004~2006 年，制造业上市公司平均贷款利差最高的三个省份是云南、内蒙古、河南，分别为 0.72%、0.54%、0.45%；平均贷款利差最低的三个省份是安徽、新疆、四川，分别为 -1.35%、-0.66%、-0.50%，三个省份平均贷款利差均为负值，说明这三个省份制造业上市公司平均贷款利率低于基准利率。制造业上市公司平均贷款利差最高的云南与最低的安徽相差 2.07 个百分点。

2007~2009 年，制造业上市公司平均贷款利差最高的三个省份是宁夏、贵州、内蒙古，分别为 0.92%、0.58%、0.57%；平均贷款利差最低的三个省份是新疆、云南、广东，分别为 -0.62%、-0.50%、-0.48%，也都为负值。平均贷款利差最高的宁夏与最低的新疆相差 1.54 个百分点，差距与 2004~2006 年相比有所下降。

2010~2012 年，制造业上市公司平均贷款利差最高的三个省份是天津、内蒙古、青海，分别为 1.19%、0.72%、0.60%；平均贷款利差最低的三个省份是陕西、广东、山西，分别为 -0.61%、-0.40%、-0.40%。平均贷款利差最高的天津与最低的陕西相差 1.80 个百分点，差距与 2007~2009 年相比有所上升。

2013~2015 年，制造业上市公司平均贷款利差最高的三个省份是甘肃、山西、湖北，分别为 1.87%、0.62%、0.57%；平均贷款利率最低的三个省份是河北、安徽、山东，分别为 -0.49%、-0.35%、-0.34%。平均贷款利率最高的甘肃与最低的河北相差 2.36 个百分点，差距与 2010~2012 年相比有所扩大。

2016~2018 年，制造业上市公司平均贷款利差最高的三个省份是湖南、上海、江苏，分别为 1.19%、0.83%、0.48%；平均贷款利差最低的三个省份是安徽、北京、广东，分别为 -0.09%、0.04%、0.11%。平均贷款利差最高的湖南与最低的安徽相差 1.28 个百分点，差距与 2013~2015 年相比有所缩小。

4.2　贷款期限

4.2.1　不同省份

2004~2018 年各个省份上市公司平均贷款期限情况如表 4-6 和图 4-2 所示。

表4-6 不同省份上市公司平均贷款期限　　　　　单位：年

省份	贷款期限	省份	贷款期限
安徽	4.26	辽宁	3.72
北京	3.78	内蒙古	3.63
福建	3.45	宁夏	2.14
甘肃	3.59	青海	4.06
广东	3.36	山东	3.52
广西	4.18	山西	4.31
贵州	5.52	陕西	2.54
海南	4.41	上海	4.25
河北	3.58	四川	3.11
河南	3.52	天津	3.61
黑龙江	5.46	西藏	2.49
湖北	4.19	新疆	4.27
湖南	7.27	云南	3.88
吉林	4.79	浙江	3.44
江苏	3.20	重庆	5.23
江西	5.46		

资料来源：笔者整理。

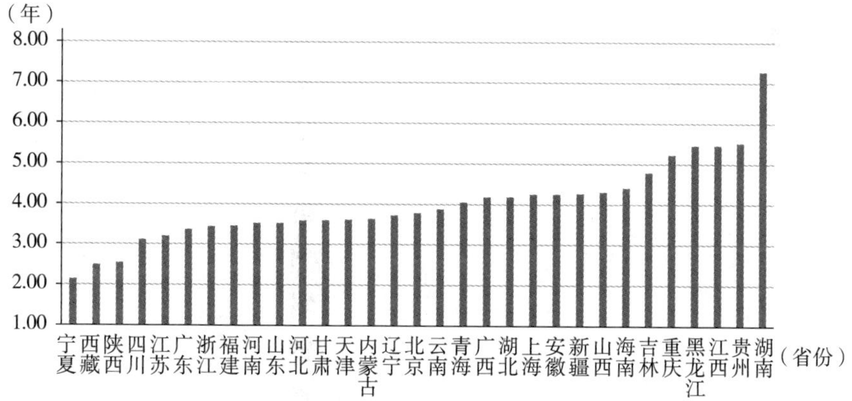

图4-2 不同省份上市公司平均贷款期限

资料来源：笔者整理。

从平均贷款期限上看，不同省份上市公司的差异也非常明显。2004～2018 年，上市公司平均贷款期限最短的是宁夏，仅为 2.14 年；其次为西藏和陕西，平均贷款期限分别为 2.49 年 和 2.54 年。与之相比，湖南、贵州、江西等省份上市公司平均贷款期限较长，分别为 7.27 年、5.52 年、5.46 年。其中，平均贷款期限最长的湖南和平均贷款期限最短的宁夏相差 5.13 年，前者是后者的 3.4 倍。

与平均贷款成本类似，不同省份上市公司平均贷款期限与地区经济发展水平之间也不存在简单的线性关系。例如，同样作为经济发展水平相对落后的地区，宁夏、西藏等省份的上市公司平均贷款期限相对较短，但贵州、新疆等省份的上市公司平均贷款期限较长；类似地，同样作为经济发展水平相对较高的地区，江苏、广东等省份的上市公司平均贷款期限相对较短，但上海等省份的上市公司平均贷款期限较长。其背后的原因可能与平均贷款成本类似：除经济发展水平之外，上市公司贷款期限还受到其他多种因素的共同影响。

4.2.2　不同省份时间趋势

2004～2018 年，各个省份在不同时间区间内上市公司平均贷款期限变动情况如表 4-7 所示。

表 4-7　不同省份平均贷款期限变动情况　　　　单位：年

省份	2004～2006 年	2007～2009 年	2010～2012 年	2013～2015 年	2016～2018 年
安徽	7.84	4.08	3.70	4.52	3.68
北京	6.38	4.29	4.35	2.94	1.77
福建	5.74	4.48	3.46	3.03	1.68
甘肃	4.57	4.66	3.50	1.81	—
广东	5.88	3.44	3.52	4.31	2.02
广西	4.83	4.68	4.35	2.32	3.90
贵州	10.78	4.87	3.52	—	—
海南	—	8.48	4.09	2.55	—
河北	4.93	4.00	3.57	3.87	1.33

续表

省份	2004~2006 年	2007~2009 年	2010~2012 年	2013~2015 年	2016~2018 年
河南	5.17	4.03	3.32	3.31	1.67
黑龙江	—	4.66	4.67	—	—
湖北	5.41	4.58	4.21	2.92	1.50
湖南	12.05	6.70	5.04	12.72	5.05
吉林	—	4.36	4.94	3.68	—
江苏	3.87	3.22	3.28	3.43	2.44
江西	—	7.81	4.18	5.47	1.25
辽宁	4.46	3.74	3.67	3.62	—
内蒙古	3.27	5.68	3.44	2.43	2.77
宁夏	2.49	1.76	4.05	—	0.95
青海	—	3.84	3.91	—	—
山东	5.42	5.04	3.44	3.34	1.41
山西	5.80	4.03	3.50	3.93	—
陕西	—	3.55	2.68	3.55	1.45
上海	5.34	4.66	4.00	4.27	3.10
四川	3.72	3.82	3.37	1.93	1.90
天津	4.79	4.79	3.31	2.86	1.59
西藏	—	—	3.15	—	1.52
新疆	4.47	5.56	3.73	3.17	1.99
云南	5.55	3.96	3.53	3.78	—
浙江	5.82	3.32	3.36	3.08	3.32
重庆	—	6.02	5.06	2.98	—

资料来源：笔者整理。

从表 4-7 可以看出，2004~2006 年，上市公司平均贷款期限最高的三个省份是湖南、贵州、安徽，分别为 12.05 年、10.78 年、7.84 年；平均贷款期限最低的三个省份是宁夏、内蒙古、四川，分别为 2.49 年、3.27 年、3.72 年。平均贷款期限最高的湖南与最低的宁夏相差 9.56 年，差异非常明显。

2007~2009 年，上市公司平均贷款期限最高的三个省份是海南、江西、湖南，分别为 8.48 年、7.81 年、6.70 年；平均贷款期限最低的三个省份是宁夏、江苏、浙江，分别为 1.76 年、3.22 年、3.32 年。平均贷款期限最高的海南与最低的宁夏相差 5.26 年，差距与 2004~2006 年相比有所减小。

2010~2012 年，上市公司平均贷款期限最高的三个省份是重庆、湖南、吉林，分别为 5.06 年、5.04 年、4.94 年；平均贷款期限最低的三个省份是陕西、西藏、江苏，分别为 2.68 年、3.15 年、3.28 年。平均贷款期限最高的重庆与最低的陕西相差 2.38 年，差距与 2007~2009 年相比有所减小。

2013~2015 年，上市公司平均贷款期限最高的三个省份是湖南、江西、安徽，分别为 12.72 年、5.47 年、4.52 年；平均贷款期限最低的三个省份是甘肃、四川、广西，分别为 1.81 年、1.93 年、2.32 年。平均贷款期限最高的湖南与最低的甘肃相差 10.91 年，差距与 2010~2012 年相比明显扩大。

2016~2018 年，上市公司平均贷款期限最高的三个省份是湖南、广西、安徽，分别为 5.05 年、3.90 年、3.68 年；平均贷款期限最低的三个省份是宁夏、江西、河北，分别为 0.95 年、1.25 年、1.33 年。平均贷款期限最高的湖南与最低的宁夏相差 4.1 年，差距与 2010~2012 年相比有所减小。

4.2.3 制造业

2004~2018 年，各个省份在不同时间区间内制造业上市公司平均贷款期限变动情况如表 4-8 所示。

表 4-8　不同省份制造业平均贷款期限变动情况　　单位：年

省份	2004~2006 年	2007~2009 年	2010~2012 年	2013~2015 年	2016~2018 年
安徽	9.71	3.21	3.10	3.55	1.22
北京	6.38	4.21	4.28	3.01	2.07
福建	—	3.31	3.15	2.50	1.27
甘肃	4.86	3.67	3.44	1.81	—
广东	3.66	2.30	2.82	4.44	1.40
广西	1.78	2.62	3.23	—	—
贵州	—	4.60	3.60	—	—

续表

省份	2004~2006 年	2007~2009 年	2010~2012 年	2013~2015 年	2016~2018 年
河北	—	3.52	3.37	3.87	1.15
河南	5.76	3.55	3.04	2.68	1.27
湖北	2.01	3.36	3.14	3.10	1.62
湖南		3.57	2.97	—	2.11
吉林	—	3.46	—	—	—
江苏	3.98	3.79	3.27	3.27	1.99
江西	—	4.86	3.73	—	—
辽宁	5.00	3.29	3.32	—	—
内蒙古	3.27	5.71	3.48		2.91
宁夏	—	1.54	4.00	—	0.95
青海	—	—	4.07	—	—
山东	4.87	4.66	3.34	3.43	1.39
山西	3.67	3.58	3.10	3.90	—
陕西	—	2.95	2.63	—	1.19
上海	5.75	4.59	3.58	4.07	1.83
四川	2.61	3.17	2.52	1.58	1.17
天津	—	—	2.73	—	1.26
新疆	4.48	5.57	3.66	3.20	1.10
云南	6.54	4.15	3.13	—	—
浙江	4.86	3.14	3.04	3.29	1.38
重庆	—	3.85	2.99		

资料来源：笔者整理。

从表4-8可以看出，2004~2006年，制造业上市公司平均贷款期限最高的三个省份是安徽、云南、北京，分别为9.71年、6.54年、6.38年；平均贷款期限最低的三个省份是广西、湖北、四川，分别为1.78年、2.01年、2.61年。平均贷款期限最高的安徽与最低的广西相差7.93年，差距也非常大。

2007~2009年，制造业上市公司平均贷款期限最高的三个省份是内蒙古、新疆、江西，分别为5.71年、5.57年、4.86年；平均贷款期限最低的三个省份是宁夏、广东、广西，分别为1.54年、2.30年、2.62年。平均贷款期限最高的内蒙古与最低的宁夏相差4.17年，差距与2004~2006年相比明显减小。

2010~2012 年，制造业上市公司平均贷款期限最高的三个省份是北京、青海、宁夏，分别为 4.28 年、4.07 年、4.00 年；平均贷款期限最低的三个省份是四川、陕西、天津，分别为 2.52 年、2.63 年、2.73 年。平均贷款期限最高的北京与最低的四川相差 1.76 年，差距与 2007~2009 年相比进一步缩小。

2013~2015 年，制造业上市公司平均贷款期限最高的三个省份是广东、上海、山西，分别为 4.44 年、4.07 年、3.90 年；平均贷款期限最低的三个省份是四川、甘肃、福建，分别为 1.58 年、1.81 年、2.50 年。平均贷款期限最高的广东与最低的四川相差 2.86 年，差距与 2010~2012 年相比有所扩大。

2016~2018 年，制造业上市公司平均贷款期限最高的三个省份是内蒙古、湖南、北京，分别为 2.91 年、2.11 年、2.07 年；平均贷款期限最低的三个省份是宁夏、新疆、河北，分别为 0.95 年、1.10 年、1.15 年。平均贷款期限最高的内蒙古与最低的宁夏相差 1.96 年，差距与 2013~2015 年相比有所减小。

4.3 信用增级

4.3.1 不同省份

2004~2018 年各个省份上市公司贷款平均信用增级情况如表 4-9 和图 4-3 所示。

表 4-9 不同省份上市公司平均信用增级

省份	信用增级强度	非信用贷款占比（%）	省份	信用增级强度	非信用贷款占比（%）
安徽	1.62	60.81	辽宁	1.83	78.57
北京	1.89	80.26	内蒙古	1.96	95.98

续表

省份	信用增级强度	非信用贷款占比（%）	省份	信用增级强度	非信用贷款占比（%）
福建	2.07	79.12	宁夏	2.06	94.74
甘肃	1.99	93.55	青海	1.99	93.24
广东	1.90	78.88	山东	1.85	79.48
广西	1.52	51.01	山西	1.56	54.57
贵州	1.57	56.52	陕西	1.92	77.71
海南	1.68	66.21	上海	1.81	75.40
河北	1.80	76.01	四川	1.82	80.84
河南	1.81	75.87	天津	1.70	70.14
黑龙江	1.66	63.64	西藏	1.61	59.86
湖北	1.90	81.53	新疆	1.85	80.18
湖南	1.77	73.22	云南	1.68	67.99
吉林	1.84	84.34	浙江	1.81	73.18
江苏	1.87	79.08	重庆	1.87	85.78
江西	1.71	69.63	—	—	—

资料来源：笔者整理。

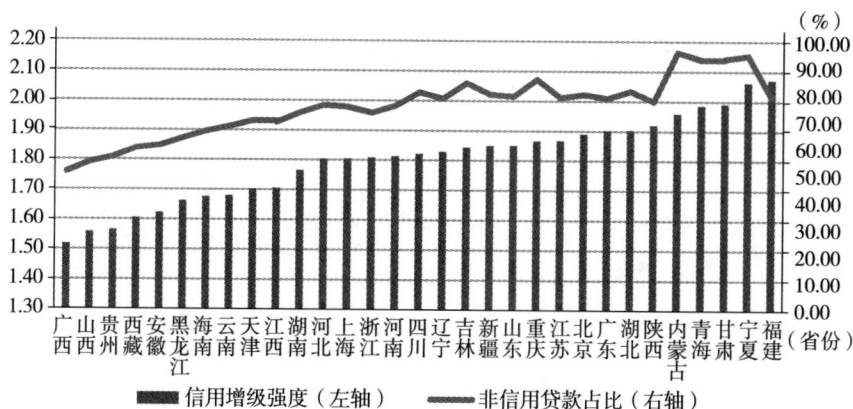

图4-3　不同省份上市公司平均信用增级

资料来源：笔者整理。

从贷款信用增级情况来看，2004~2018 年，上市公司贷款平均信用增级强度最低的是广西，为 1.52；其次为山西和贵州，平均信用增级强度分别为 1.56 和 1.57。与之相比，福建上市公司贷款平均信用增级强度最高，达到 2.07。宁夏、甘肃、青海等省份上市公司平均信用增级强度也比较高，分别为 2.06、1.99 和 1.99。贷款平均信用增级强度最低的广西与平均信用增级强度最高的福建相比，差 0.55。

非信用贷款占比指标反映的趋势与信用增级强度指标类似，排在后三位的同样是广西、山西和贵州，平均非信用贷款占比分别为 51.01%、54.57%、56.52%。与之相比，内蒙古、宁夏、甘肃等省份上市公司非信用贷款占比均比较高，分别为 95.98%、94.74%、93.55%。平均非信用贷款占比最高的内蒙古与平均非信用贷款占比最低的广西相差 44.97 个百分点。

不同省份上市公司贷款平均信用增级与地区经济发展水平之间也不存在简单的线性关系。比如，同样作为经济发展水平相对落后的地区，广西、贵州、西藏等省份的上市公司贷款平均信用增级强度均相对较低，但宁夏、甘肃、青海等省份的上市公司贷款平均信用增级强度则相对较高；类似地，同样作为经济发展水平相对较高的地区，上海、天津等省份的上市公司贷款平均信用增级强度相对较低，但福建、北京、江苏等省份的上市公司贷款平均信用增级强度则相对较高。上述结果表明，上市公司贷款信用增级强度会同时受到经济发展水平及多种因素共同影响。

4.3.2　不同省份时间趋势

2004~2018 年，各个省份在不同时间区间内上市公司贷款平均信用增级强度变动情况如表 4-10 所示。

表 4-10　各个省份不同期间贷款平均信用增级强度

省份	2004~2006 年	2007~2009 年	2010~2012 年	2013~2015 年	2016~2018 年
安徽	1.68	1.56	1.72	1.59	1.59
北京	1.86	1.83	1.98	2.01	1.79
福建	—	2.09	1.91	2.50	1.76
甘肃	2.00	—	1.88	—	—

续表

省份	2004~2006 年	2007~2009 年	2010~2012 年	2013~2015 年	2016~2018 年
广东	1.82	1.88	1.92	1.94	1.91
广西	1.52	1.69	1.57	1.70	1.03
贵州	1.72	1.62	—	—	—
海南	—	—	1.76	1.57	
河北	1.48	1.98	1.86	1.72	1.75
河南	1.71	1.83	1.69	1.73	2.04
黑龙江					
湖北	1.60	1.95	1.92	2.08	1.78
湖南	1.48	1.62	1.60	1.96	1.98
吉林	—	1.79	1.80	1.89	—
江苏	1.69	1.95	2.01	1.84	1.71
江西	—	1.59	1.46	1.93	2.00
辽宁	1.82	1.84	1.78	—	—
内蒙古	1.99	2.00	2.00	—	1.85
宁夏	2.28	2.10	2.02	—	1.71
青海	—	—	1.97	—	—
山东	1.89	1.76	1.88	1.91	1.85
山西	1.81	1.42	1.31	1.44	—
陕西	—	1.81	1.46	—	2.23
上海	1.83	1.78	1.82	1.75	1.90
四川	1.89	1.70	1.83	1.83	1.86
天津	—	1.66	1.93	—	1.36
西藏	—	—	—	—	1.67
新疆	2.04	1.80	1.81	1.59	1.96
云南	—	1.76	1.49	1.72	—
浙江	1.98	1.96	1.93	1.92	1.48
重庆	—	1.73	1.87	2.02	—

资料来源：笔者整理。

从表4-10可以看出，2004~2006 年，上市公司贷款平均信用增级强度最高的三个省份分别是宁夏、新疆、甘肃，为 2.28、2.04、2.00；平均信用增级强度最低的三个省份分别是湖南、河北、广西，为 1.48、1.48、1.52。平均信用增级强度最高的宁夏与最低的湖南相差 0.8。

2007～2009 年，上市公司贷款平均信用增级强度最高的三个省份分别是宁夏、福建、内蒙古，为 2.10、2.09、2.00；平均信用增级强度最低的三个省份分别是山西、安徽、江西，为 1.42、1.56、1.59。平均信用增级强度最高的宁夏与最低的山西相差 0.68，差距与 2004～2006 年相比基本相同。

2010～2012 年，上市公司贷款平均信用增级强度最高的三个省份分别是宁夏、江苏、内蒙古，为 2.02、2.01、2.00；平均信用增级强度最低的三个省份分别是山西、江西、陕西，为 1.31、1.46、1.46。平均信用增级强度最高的宁夏与最低的山西相差 0.71，差距与 2007～2009 年相比非常接近。

2013～2015 年，上市公司贷款平均信用增级强度最高的三个省份分别是福建、湖北、重庆，为 2.50、2.08、2.02；平均信用增级强度最低的三个省份分别是山西、海南、新疆，为 1.44、1.57、1.59。平均信用增级强度最高的福建与最低的山西相差 1.06，差距与 2010～2012 年相比明显扩大。

2016～2018 年，上市公司贷款平均信用增级强度最高的三个省份分别是陕西、河南、江西，为 2.23、2.04、2.00；平均信用增级强度最低的三个省份分别是广西、天津、浙江，为 1.03、1.36、1.48。平均信用增级强度最高的陕西与最低的广西相差 1.2，差距与 2010～2012 年相比有所扩大。

2004～2018 年，各个省份不同时间区间内上市公司平均非信用贷款占比变动情况如表 4-11 所示。

表 4-11　不同省份贷款平均非信用贷款占比　　　　单位：%

省份	2004～2006 年	2007～2009 年	2010～2012 年	2013～2015 年	2016～2018 年
安徽	67.65	55.56	67.27	59.14	58.08
北京	83.52	77.31	82.17	86.70	75.27
福建	—	86.05	81.61	79.51	70.73

续表

省份	2004~2006年	2007~2009年	2010~2012年	2013~2015年	2016~2018年
甘肃	100.00	—	84.85	—	—
广东	77.38	72.01	76.80	85.34	82.49
广西	50.00	68.97	57.14	67.57	2.56
贵州	71.74	62.32	—	—	—
海南	—	—	76.00	53.33	—
河北	47.83	92.22	81.08	72.22	66.67
河南	64.29	80.09	67.53	66.07	91.23
黑龙江	—	—	—	—	—
湖北	52.38	88.64	84.46	81.25	77.78
湖南	42.50	61.97	60.00	96.25	87.93
吉林	—	79.01	79.59	89.19	—
江苏	66.23	94.53	90.71	75.63	58.54
江西	—	56.10	45.59	93.22	100.00
辽宁	81.82	72.87	78.46	—	—
内蒙古	98.65	100.00	100.00	—	85.42
宁夏	97.56	100.00	100.00	—	71.43
青海	—	—	97.22	—	—
山东	89.29	76.44	86.39	87.88	72.24
山西	77.78	41.94	31.25	44.00	—
陕西	—	66.22	46.38	—	99.33
上海	79.78	77.34	72.21	72.35	81.22
四川	88.06	69.66	81.88	80.11	83.82
天津	—	65.71	92.59	—	35.94
西藏	—	—	—	—	65.82
新疆	96.45	78.81	77.40	57.58	70.37
云南	—	75.97	48.89	71.88	—
浙江	98.21	88.18	92.81	77.70	34.64
重庆	—	72.60	87.10	98.46	—

资料来源：笔者整理。

从表 4-11 可以看出，2004～2006 年，上市公司平均非信用贷款占比最高的三个省份分别是甘肃、内蒙古、浙江，为 100%[①]、98.65%、98.21%；平均非信用贷款占比最低的三个省份分别是湖南、河北、广西，为 42.50%、47.83%、50.00%。平均非信用贷款占比最低的湖南与最高的甘肃相比还不到后者的一半。

2007～2009 年，上市公司平均非信用贷款占比最高的三个省份分别是内蒙古、宁夏、江苏，为 100%、100%、94.53%；平均非信用贷款占比最低的三个省份分别是山西、安徽、江西，为 41.94%、55.56%、56.10%。平均非信用贷款占比最低的山西与最高的内蒙古相比也不到后者的一半，差距与 2004～2006 年相比基本相同。

2010～2012 年，上市公司平均非信用贷款占比最高的三个省份分别是内蒙古、宁夏、青海，为 100%、100%、97.22%；平均非信用贷款占比最低的三个省份分别是山西、江西、陕西，为 31.25%、45.59%、46.38%。平均非信用贷款占比最低的山西与最高的内蒙古相比不到后者的 1/3，差距与 2007～2009 年相比有所扩大。

2013～2015 年，上市公司平均非信用贷款占比最高的三个省份分别是重庆、湖南、江西，为 98.46%、96.25%、93.22%；平均非信用贷款占比最低的三个省份分别是山西、海南、新疆，为 44.00%、53.33%、57.58%。平均非信用贷款占比最低的山西与最高的重庆相比相差 54.46 个百分点，差距与 2010～2012 年相比有所减小。

2016～2018 年，上市公司平均非信用贷款占比最高的三个省份分别是江西、陕西、河南，为 100%、99.33%、91.23%；平均非信用贷款占比最低的三个省份分别是广西、浙江、天津，为 2.56%、34.64%、35.94%。平均非信用贷款占比最高的江西与最低的广西差距明显。

4.3.3 制造业

（1）平均信用增级强度。2004～2018 年，各个省份不同时间区间内制

---

① 之所以出现平均非信用贷款占比为 100% 的情况，主要与样本选取有关。并不意味着该地区所有贷款均为非信用贷款，下同。

造业上市公司平均信用增级强度变动情况如表4-12所示。

表4-12 各个省份制造业不同期间贷款平均信用增级强度

省份	2004~2006年	2007~2009年	2010~2012年	2013~2015年	2016~2018年
安徽	—	—	1.88	—	1.37
北京	1.76	1.79	1.92	2.23	1.78
福建	—	2.13	1.90	2.76	1.71
甘肃	2.00	—	—	—	—
广东	1.87	1.92	1.92	1.93	1.81
广西	1.60	1.69	—	—	—
贵州	—	1.63	—	—	—
河北	—	2.06	1.89	1.72	1.82
河南	1.96	1.79	1.65	1.71	2.05
湖北	1.55	1.88	1.94	2.09	—
湖南	—	1.76	1.45	—	2.01
吉林	—	1.69	—	—	—
江苏	—	1.92	2.00	1.90	1.66
江西	—	—	1.32	—	—
辽宁	1.80	1.82	1.53		
内蒙古	1.99	2.00	2.00	—	1.85
宁夏	—	2.10	2.02	—	1.71
青海	—	—	1.97		
山东	1.89	1.73	1.86	1.88	1.83
山西	1.75	1.41	1.15	—	—
陕西	—	1.76	1.32	—	2.27
上海	—	1.65	1.79	1.57	1.84
四川	1.98	1.92	1.95	1.95	1.96
天津	—	—	—	—	1.16
新疆	2.07	1.77	1.77	1.31	1.74
云南	—	1.78	1.44	—	—
浙江	—	1.89	1.93	2.06	1.59
重庆	—	1.62	1.88	—	—

资料来源：笔者整理。

从表 4-12 可以看出，2004~2006 年，制造业上市公司平均信用增级强度最高的三个省份分别是新疆、甘肃、内蒙古，为 2.07、2.00、1.99；平均信用增级强度最低的三个省份分别是湖北、广西、山西，为 1.55、1.60、1.75。平均信用增级强度最高的新疆与最低的湖北相差 0.52。

2007~2009 年，制造业上市公司平均信用增级强度最高的三个省份分别是福建、宁夏、河北，为 2.13、2.10、2.06；平均信用增级强度最低的三个省份分别是山西、重庆、贵州，为 1.41、1.62、1.63。平均信用增级强度最高的福建与最低的山西相差 0.72，差距与 2004~2006 年相比有所扩大。

2010~2012 年，制造业上市公司平均信用增级强度最高的三个省份分别是宁夏、江苏、内蒙古，为 2.02、2.00、2.00；平均信用增级强度最低的三个省份分别是山西、江西、陕西，为 1.15、1.32、1.32。平均信用增级强度最高的山西与最低的宁夏相差 0.87，差距与 2007~2009 年相比进一步扩大。

2013~2015 年，制造业上市公司平均信用增级强度最高的三个省份分别是福建、北京、湖北，为 2.76、2.23、2.09；平均信用增级强度最低的三个省份分别是新疆、上海、河南，为 1.31、1.57、1.71。平均信用增级强度最高的福建与最低的新疆相差 1.45，差距与 2010~2012 年相比有所扩大，前者是后者的 2 倍多。

2016~2018 年，制造业上市公司平均信用增级强度最高的三个省份分别是陕西、河南、湖南，为 2.27、2.05、2.01；平均信用增级强度最低的三个省份分别是天津、安徽、浙江，为 1.16、1.37、1.59。平均信用增级强度最高的陕西与最低的天津相差 1.11，差距与 2010~2012 年相比有所减小。

（2）平均非信用贷款占比。2004~2018 年，各个省份不同时间区间内制造业上市公司平均非信用贷款占比变动情况如表 4-13 所示。

表 4-13　各个省份制造业不同期间平均非信用贷款占比　　单位：%

省份	2004~2006 年	2007~2009 年	2010~2012 年	2013~2015 年	2016~2018 年
安徽	—	—	88.00	—	36.99
北京	75.51	77.36	73.74	91.07	76.29
福建	—	94.64	77.78	80.00	67.86
甘肃	100.00	—	—	—	—
广东	78.49	76.66	75.54	81.33	73.17

续表

省份	2004~2006 年	2007~2009 年	2010~2012 年	2013~2015 年	2016~2018 年
广西	59.62	69.23	—	—	—
贵州	—	62.86	—	—	—
海南	—	—	—	—	—
河北	—	100.00	83.33	72.22	72.55
河南	87.76	73.45	62.70	61.90	91.51
黑龙江	—	—	—	—	—
湖北	47.37	87.91	84.96	79.55	—
湖南	—	75.76	45.33	—	87.78
吉林	—	69.09	—	—	—
江苏	—	91.96	88.51	86.90	56.99
江西	—	—	32.00	—	—
辽宁	80.00	63.01	52.94	—	—
内蒙古	98.65	100.00	100.00	—	85.42
宁夏	—	100.00	100.00	—	71.43
青海	—	—	96.97	—	—
山东	89.09	72.50	84.09	86.84	71.52
山西	69.62	40.58	15.22	—	—
陕西	—	56.36	32.08	—	99.21
上海	—	64.62	66.12	55.91	80.36
四川	92.50	90.63	95.28	92.09	94.20
天津	—	—	—	—	16.28
新疆	98.86	75.35	75.61	28.21	71.74
云南	—	78.40	44.44	—	—
浙江	—	83.57	92.86	83.91	40.30
重庆	—	62.22	87.88	—	—

资料来源：笔者整理。

从表 4-13 可以看出，2004~2006 年，制造业上市公司平均非信用贷款占比最高的三个省份分别是甘肃、新疆、内蒙古，为 100%、98.86%、98.65%；平均非信用贷款占比最低的三个省份分别是湖北、广西、山西，为 47.37%、59.62%、69.62%。平均非信用贷款占比最高的甘肃与最低的湖北相差 52.63%，前者是后者的 2 倍以上。

2007~2009 年，制造业上市公司平均非信用贷款占比最高的三个省份分别是宁夏、河北、内蒙古，均为 100%；平均非信用贷款占比最低的三个省份分别是山西、陕西、重庆，为 40.58%、56.36%、62.22%。平均非信用贷款占比最高的宁夏与最低的山西相差 59.42%，差距与 2004~2006 年相比有所扩大，前者仍然是后者的 2 倍以上。

2010~2012 年，制造业上市公司平均非信用贷款占比最高的三个省份分别是宁夏、内蒙古、青海，为 100%、100%、96.97%；平均非信用贷款占比最低的三个省份分别是山西、江西、陕西，为 15.22%、32.00%、32.08%。平均非信用贷款占比最高的宁夏与最低的山西相差 84.78 个百分点，差距与 2007~2009 年相比进一步扩大，后者仅为前者的 15% 左右。

2013~2015 年，制造业上市公司平均非信用贷款占比最高的三个省份分别是四川、北京、江苏，为 92.09%、91.07%、86.90%；平均非信用贷款占比最低的三个省份分别是新疆、上海、河南，为 28.21%、55.91%、61.90%。平均非信用贷款占比最高的四川与最低的新疆相差 63.88 个百分点，差距与 2010~2012 年相比有所缩小。

2016~2018 年，制造业上市公司平均非信用贷款占比最高的三个省份分别是陕西、四川、河南，为 99.21%、94.20%、91.51%；平均非信用贷款占比最低的三个省份分别是天津、安徽、浙江，为 16.28%、36.99%、40.30%。平均非信用贷款占比最高的陕西与最低的天津相差 82.93 个百分点，差距与 2010~2012 年相比有所扩大。

4.4   贷款额度

4.4.1   不同省份

2004~2018 年，各个省份上市公司平均贷款额度情况如表 4-14 和图 4-4 所示。

表 4-14　不同省份上市公司平均贷款额度　　　　单位：%

省份	平均贷款额度	省份	平均贷款额度
安徽	1.74	辽宁	2.88
北京	2.65	内蒙古	2.31
福建	2.95	宁夏	1.25
甘肃	7.83	青海	2.27
广东	1.90	山东	2.11
广西	2.57	山西	6.67
贵州	2.26	陕西	1.92
海南	5.17	上海	2.30
河北	1.67	四川	1.87
河南	3.59	天津	1.98
黑龙江	2.04	西藏	3.58
湖北	5.35	新疆	1.69
湖南	3.00	云南	3.40
吉林	3.07	浙江	2.07
江苏	1.72	重庆	4.29
江西	2.74	—	—

资料来源：笔者整理。

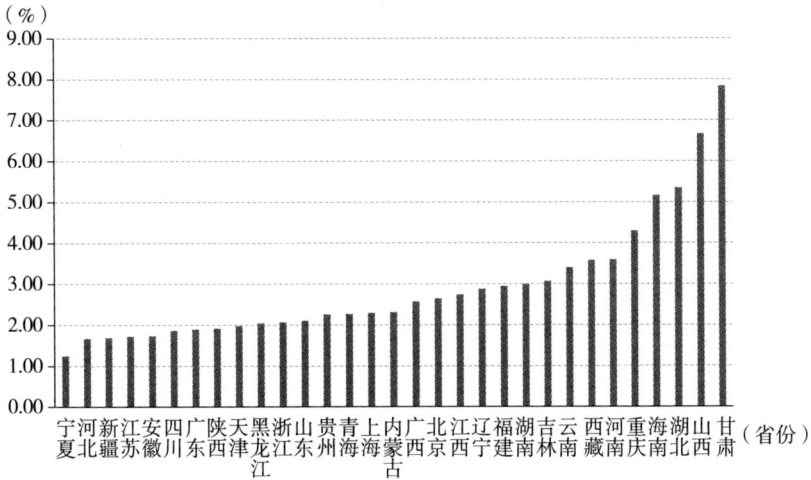

图 4-4　不同省份上市公司平均贷款额度

资料来源：笔者整理。

从平均贷款额度来看，2004～2018 年，上市公司平均贷款额度最低的省份是宁夏，单笔贷款在上市公司总资产中平均占比 1.25%；其次为河北和新疆，单笔贷款在上市公司总资产中平均占比分别为 1.67%、1.69%。可以看出，上述省份中商业银行向上市公司提供的贷款额度相对于上市公司总资产来说还比较小。

与之相比，2004～2018 年，上市公司平均贷款额度最高的省份是甘肃，单笔贷款在上市公司总资产中平均占比 7.83%；其次为山西和湖北，单笔贷款在上市公司总资产中平均占比分别为 6.67%、5.35%。可以看出，平均贷款额度最高的甘肃与平均贷款额度最低的宁夏相比差 6.58 个百分点。

同样地，不同省份上市公司平均贷款额度与地区经济发展水平之间也不存在简单的线性关系，同样作为经济发展水平相对落后的地区，宁夏、新疆等省份的上市公司平均贷款额度相对较低，但甘肃、海南、西藏等省份的上市公司平均贷款额度则相对较高；类似地，同样作为经济发展水平相对较高的地区，江苏、广东等省份的上市公司平均贷款额度相对较低，但福建、北京等省份的上市公司平均贷款额度则相对较高。

4.4.2　不同省份时间趋势

2004～2018 年，各个省份不同期间上市公司平均贷款额度情况如表 4-15 所示。

表 4-15　各个省份不同期间上市公司平均贷款额度

省份	2004～2006 年	2007～2009 年	2010～2012 年	2013～2015 年	2016～2018 年
安徽	1.04	4.56	1.58	1.07	0.63
北京	2.95	5.21	2.01	1.48	1.10
福建	—	5.34	3.21	1.51	1.19
甘肃	4.04	17.45	7.25	1.64	—
广东	2.36	3.49	1.69	1.29	0.96
广西	3.44	2.99	2.33	1.44	1.99
贵州	1.47	3.82	1.29	—	—

省份	2004~2006 年	2007~2009 年	2010~2012 年	2013~2015 年	2016~2018 年
海南	—	6.75	6.82	3.19	—
河北	1.61	1.86	1.83	1.36	1.11
河南	9.75	4.08	2.21	3.01	1.03
黑龙江	—	—	2.75	—	—
湖北	7.20	7.54	4.29	1.87	1.07
湖南	4.37	5.64	1.94	2.16	1.45
吉林	—	3.97	2.84	2.20	1.59
江苏	1.88	2.13	1.93	1.53	0.90
江西	—	6.69	1.71	0.52	0.63
辽宁	7.64	1.86	1.83	2.29	—
内蒙古	2.55	4.68	1.15	0.66	1.89
宁夏	1.53	1.06	1.63	—	0.99
青海	—	2.30	1.59	—	—
山东	2.92	3.78	1.68	1.41	0.80
山西	8.24	8.50	6.71	1.25	—
陕西	—	1.63	1.67	1.45	0.69
上海	2.19	2.32	3.61	1.13	0.97
四川	3.06	2.49	1.72	0.87	0.84
天津	4.55	2.16	1.54	2.14	1.08
西藏	—	—	3.71	—	1.75
新疆	2.25	2.11	1.30	0.95	1.08
云南	2.67	4.57	2.60	2.01	—
浙江	2.10	2.85	1.96	1.82	1.36
重庆	—	5.48	2.92	1.13	—

资料来源：笔者整理。

从表 4-15 可以看出，2004~2006 年，上市公司平均贷款额度最高的三个省份分别是河南、山西、辽宁，为 9.75%、8.24%、7.64%；平均贷款额度最低的三个省份分别是安徽、贵州、宁夏，为 1.04%、1.47%、1.53%。平均贷款额度最高的河南与最低的安徽相差 8.71 个百分点，前者是后者的 9 倍以上。

2007~2009 年，上市公司平均贷款额度最高的三个省份分别是甘肃、山西、湖北，为 17.45%、8.50%、7.54%；平均贷款额度最低的三个省份分别是宁夏、陕西、辽宁，为 1.06%、1.63%、1.86%。平均贷款额度最高的甘肃与最低的宁夏相差 16.39 个百分点，差距与 2004~2006 年相比明显扩大。

2010~2012 年，上市公司平均贷款额度最高的三个省份分别是甘肃、海南、山西，为 7.25%、6.82%、6.71%；平均贷款额度最低的三个省份分别是内蒙古、贵州、新疆，为 1.15%、1.29%、1.30%。平均贷款额度最高的甘肃与最低的内蒙古相差 6.1 个百分点，差距与 2007~2009 年相比明显缩小。

2013~2015 年，上市公司平均贷款额度最高的三个省份分别是海南、河南、辽宁，为 3.19%、3.01%、2.29%；平均贷款额度最低的三个省份分别是江西、内蒙古、四川，为 0.52%、0.66%、0.87%。平均贷款额度最高的海南与最低的江西相差 2.67 个百分点，差距与 2010~2012 年相比进一步缩小。

2016~2018 年，上市公司平均贷款额度最高的三个省份分别是广西、内蒙古、西藏，为 1.99%、1.89%、1.75%；平均贷款额度最低的三个省份分别是安徽、江西、陕西，为 0.63%、0.63%、0.69%。平均贷款额度最高的广西与最低的安徽相差 1.36 个百分点，差距与 2010~2012 年相比有所减小。

4.4.3　制造业

2004~2018 年，各个省份不同期间制造业上市公司平均贷款额度情况如表 4-16 所示。

表 4-16　各个省份不同期间制造业上市公司平均贷款额度　　单位：%

省份	2004~2006 年	2007~2009 年	2010~2012 年	2013~2015 年	2016~2018 年
安徽	1.14	3.53	2.08	1.39	0.68

续表

省份	2004~2006 年	2007~2009 年	2010~2012 年	2013~2015 年	2016~2018 年
北京	1.63	1.09	1.12	1.45	1.43
福建	—	6.47	1.93	1.15	1.05
甘肃	2.20	5.80	6.34	1.64	—
广东	1.74	3.50	1.53	1.23	1.04
广西	0.91	1.04	2.57	—	—
贵州	—	4.32	1.22	—	—
海南	—	—	—	—	—
河北	—	1.90	2.07	1.53	1.07
河南	3.89	4.49	1.53	3.02	1.03%
黑龙江	—	—	—	—	—
湖北	5.92	10.98	1.99	1.92	1.09
湖南	—	2.37	1.19	—	1.64
吉林	—	1.23	—	—	—
江苏	2.94	3.13	1.56	1.26	0.82
江西	—	1.01	1.82	—	—
辽宁	1.37	1.82	0.95	—	—
内蒙古	2.55	5.03	1.21	—	2.04
宁夏	—	0.95	1.65	—	0.99
青海	—	—	1.81	—	—
山东	0.98	3.50	1.60	1.28	0.77
山西	10.30	11.09	3.89	1.57	—
陕西	—	1.66	1.33	—	0.45
上海	1.26	1.56	1.19	0.80	0.73
四川	—	1.90	1.20	0.65	0.71
天津	—	—	1.30	—	0.87
新疆	1.90	1.57	1.05	0.79	2.18
云南	2.61	1.64	1.76	—	—
浙江	—	2.37	1.18	1.63	1.64
重庆	—	7.05	1.33	—	—

资料来源：笔者整理。

从表 4-16 可以看出，2004~2006 年，制造业上市公司平均贷款额度最高的三个省份分别是山西、湖北、河南，为 10.30%、5.92%、3.89%；平均贷款额度最低的三个省份分别是广西、山东、安徽，为 0.91%、0.98%、1.14%。平均贷款额度最高的山西与最低的广西相差 9.39 个百分点。

2007~2009 年，制造业上市公司平均贷款额度最高的三个省份分别是山西、湖北、重庆，为 11.09%、10.98%、7.05%；平均贷款额度最低的三个省份分别是宁夏、江西、广西，为 0.95%、1.01%、1.04%。平均贷款额度最高的山西与最低的宁夏相差 10.14 个百分点，差距与 2004~2006 年相比有所扩大。

2010~2012 年，制造业上市公司平均贷款额度最高的三个省份分别是甘肃、山西、广西，为 6.34%、3.89%、2.57%；平均贷款额度最低的三个省份分别是辽宁、新疆、北京，为 0.95%、1.05%、1.12%。平均贷款额度最高的甘肃与最低的辽宁相差 5.39 个百分点，差距与 2007~2009 年相比明显降低。

2013~2015 年，制造业上市公司平均贷款额度最高的三个省份分别是河南、湖北、甘肃，为 3.02%、1.92%、1.64%；平均贷款额度最低的三个省份分别是四川、新疆、上海，为 0.65%、0.79%、0.80%。平均贷款额度最高的河南与最低的四川相差 2.37 个百分点，差距与 2010~2012 年相比进一步缩小。

2016~2018 年，制造业上市公司平均贷款额度最高的三个省份分别是新疆、内蒙古、湖南，为 2.18%、2.04%、1.64%；平均贷款额度最低的三个省份分别是陕西、安徽、四川，为 0.45%、0.68%、0.71%。平均非信用贷款占比最高的新疆与最低的陕西相差 1.73 个百分点，差距与 2010~2012 年相比有所减小。

4.5　本章小结

基于以上分析，将我国上市公司信贷融资条件的区域特征总结如下：

　　第一，不同区域上市公司信贷融资条件差异明显。2004~2018 年，上市公司平均贷款利率最高省份和最低省份的差异达到 3.41 个百分点，平均贷款利差的差异达到 1.98 个百分点；平均贷款期限最长的省份和最短的省份相差 5.13 年；贷款平均信用增级强度最高的省份与最低的省份相比差 0.55；平均非信用贷款占比最高的省份与最低的省份相差 44.97 个百分点；平均贷款额度最高的省份与最低的省份相差 6.58 个百分点。

　　第二，不同区域的上市公司在信贷融资条件上的差异随着时间的变动而变动。部分省份上市公司信贷融资条件随着时间的推移而有所改善，主要表现为融资成本的下降、贷款期限的上升、信用增级要求的下降等；与此同时，也有一部分省份上市公司信贷融资条件随着时间的推移改善得并不明显，甚至出现了一定程度的恶化，主要表现为融资成本的上升、贷款期限的下降、信用增级要求的提高等。在这种情况下，不同省份之间在信贷融资条件上的相对排名也随着时间的变化而变化。

　　第三，不同区域的上市公司信贷融资条件与该区域经济发展状况并不存在简单的线性关系。无论是从贷款成本、贷款期限还是信用增级情况来看，部分经济发展状况相对较好的省份在信贷融资条件上反而相对较差；相反地，部分经济发展状况相对落后的省份在信贷融资条件上反而相对较好。这一结果表明，不同区域上市公司信贷融资条件受到多种因素共同影响，不仅包括经济发展因素，还包括其他因素，比如金融业发展、地方法治化水平、政府对企业的支持政策等。

不同行业上市公司信贷融资条件

本章将对不同行业上市公司信贷融资条件的特征和差异进行分析。首先对2004~2018年不同行业上市公司信贷融资条件进行分析，进一步对制造业、房地产业等重点行业不同年度上市公司信贷条件的变动趋势进行分析。之所以选择上述两个行业，除这两类行业关系到国计民生且社会关注度高以外，还因为这两个行业贷款合约样本数量相对较多，分析结果相对可靠。与之相比，其他一些行业上市公司贷款合约数量偏少，部分年度贷款合约数量明显偏少。

从理论上来说，行业因素之所以会对上市公司信贷融资条件产生影响，主要存在以下三方面原因：

第一，不同行业上市公司的融资需求具有不同特征。上市公司所处行业不同，其融资需求也存在很大差异，商业银行需要设置有针对性的信贷融资条件与之相匹配。比如，部分行业生产经营周期较长，经营较为稳定，通常需要期限较长的资金，如基础设施行业；再如，包括农业在内的部分行业上市公司生产经营具有明显的周期性特点，商业银行在设置融资条件时也需要考虑到此类上市公司在生产经营上的这种特点。

第二，不同行业上市公司经营风险的大小不同。借款人的风险大小是决定信贷融资条件的最重要因素之一，借款人风险不同，信贷融资条件也不同。不同行业上市公司之所以具有不同的经营风险，主要原因包括以下四个方面：一是生产经营的波动性。处于不同行业的上市公司其生产经营的波动性是不同的。部分行业具有较高的成长性，但因生产经营波动性大，给商业银行带来风险的可能性也比较大，如一些新兴行业就具有这种特点。相反，部分行业发展相对稳定，尽管增长较为缓慢，但生产经营波动性较小，对于商业银行而言风险也相对较低，很多传统的制造业都具有这种特点。二是部分行业受自然条件影响较大导致风险较高。比如，农、林、牧、渔业往往受自然条件的影响较大，一旦外部自然条件发生不利变化，行业内上市公司经营也将会产生重大负面影响。行业的这种特点也决定了其本身的高风险特征。三是资产特性的不同。部分传统的重资产行业由于具备较多的可抵押资产，可以在向商业银行申请借款时提供较为充分的信用增级措施，从而可能获得较为优惠的信贷融资条件。相反，部分轻资产行业由于不具备较多的可抵押资产，商业银行在向其提供贷款时条件通常也比较苛刻。四是行业发展的周期性。不同行业都有着自身的发展周期，处于不同生命周期的企业本身具备的风险是不一样的。当行业发展处于上升周期时，上市公司通常具有较强的盈利能力，能够产生持续稳定的现金流，从而具备较强的还款能力，商业银行面临的风险相对较低；相反，当行业发展处于下降周期时，公司将面临业务增长乏力、盈利能力下滑、现金流不足等情况，还款能力将会下降，商业银行提供贷款所面临的风险将会上升。以我国房地产行业为例，随着我国经济发展和城镇化进程的推进，我国房地产市场前期经历了一轮快速发展。但随着我国城镇化趋势的放缓以及人口结构的变化，房地产行业高速发展时期告一段落，房地产行业上市公司的风险有所上升。由于行业周期性因素导致的上市公司风险的不同也会对信贷融资条件产生影响。

第三，宏观经济政策。宏观经济政策是影响行业发展以及行业信贷融资条件差异的另一个重要因素。主要包括以下两方面：一是产业政策。广义的产业政策是指由政府为促进某种产业在一个国家或地区发展而有意识地采取的政策措施，包括关税和贸易保护政策、税收优惠、土地和信贷等补贴、工业园、出口加工区、R&D中的科研补助、经营特许权、政府采购、强制规定等（林毅夫，2016），是对私人产品生产领域进行的选择性干预和歧视性对待（张维迎，2016），体现出政府对经济的一种干预，但我国是一个实施产业政策较多的国家（江飞涛和李晓萍，2010）。很多研究表明，产业政策会对企业的融资行为产生重要影响（陈冬华等，2010；祝继高等，2015），进而对信贷融资条件产生影响。二是宏观调控政策。中央及地方政府会根据经济社会发展的需要，针对特定行业出台相应的调控政策，防止特定行业发展过热或者紧缩。其中，货币政策、信贷政策是其中最重要的调控手段。例如，在之前我国房地产市场快速发展时期，政府出台了一系列限购限贷政策，防止房地产市场的过热现象。对特定行业的调控政策将对该行业上市公司经营产生重要影响，进而也会影响到该行业上市公司的信贷融资条件。

5.1 贷款成本

5.1.1 全体行业

2004~2018 年，不同行业上市公司平均贷款成本情况如表 5-1 和图 5-1 所示。

表 5-1 不同行业上市公司平均贷款成本

行业名称	行业代码	平均贷款利率（%）	平均贷款利差（%）
农、林、牧、渔业	A	6.09	0.06
采矿业	B	5.78	−0.23
制造业	C	5.94	−0.01
电力、热力、燃气及水的生产和供应业	D	5.89	−0.21
建筑业	E	5.68	−0.11
批发和零售业	F	5.98	0.00
交通运输、仓储和邮政业	G	5.70	−0.43
住宿和餐饮业	H	6.17	0.17
信息传输、软件和信息技术服务业	I	6.07	0.22
房地产业	K	6.67	0.69
租赁和商务服务业	L	5.56	−0.10
科学研究和技术服务业	M	5.85	0.07
水利、环境和公共设施管理业	N	5.97	0.14

续表

行业名称	行业代码	平均贷款利率（%）	平均贷款利差（%）
卫生和社会工作	Q	5.85	-0.59
文化、体育和娱乐业	R	6.43	0.44
综合	S	6.30	0.21

资料来源：笔者整理。

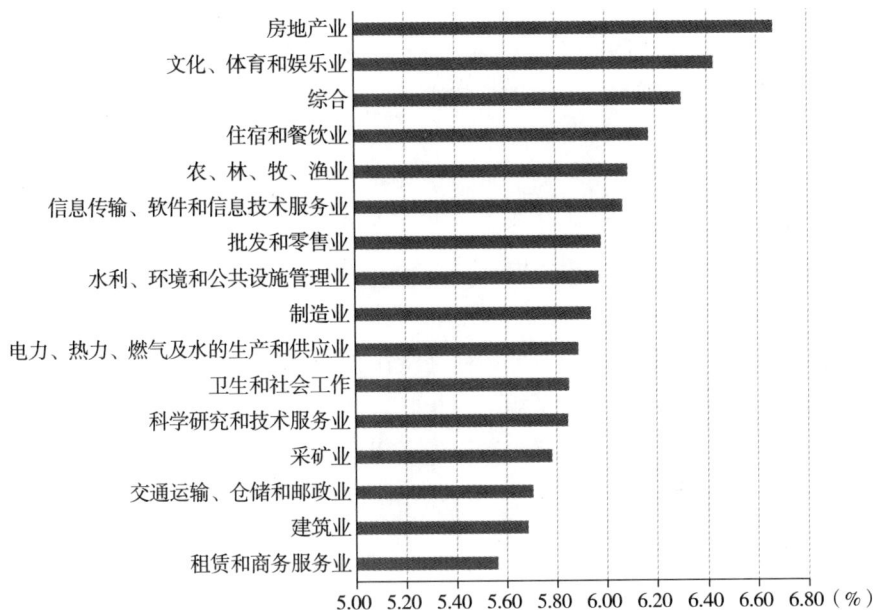

房地产业
文化、体育和娱乐业
综合
住宿和餐饮业
农、林、牧、渔业
信息传输、软件和信息技术服务业
批发和零售业
水利、环境和公共设施管理业
制造业
电力、热力、燃气及水的生产和供应业
卫生和社会工作
科学研究和技术服务业
采矿业
交通运输、仓储和邮政业
建筑业
租赁和商务服务业

5.00　5.20　5.40　5.60　5.80　6.00　6.20　6.40　6.60　6.80（%）

图 5-1　不同行业上市公司平均贷款利率

资料来源：笔者整理。

从贷款利率来看，不同行业的差异非常明显。其中，房地产行业平均贷款利率最高，2004~2018 年，平均贷款利率达到 6.67%。这一特征与我国过去 20 年的房地产行业的快速发展相一致。随着我国经济高速发展和城镇化进程的推进，我国房地产行业实现了快速发展，使房地产行业上市公司实现了丰厚的盈利，从而有能力以较高的成本筹集资金。此外，文化、体育和娱乐业、住宿和餐饮业等行业的平均贷款利率也比较高，分别达到 6.43% 和 6.17%。另外，农、林、牧、渔业的平均贷款利率达到 6.09%，与其他行业相比处于较高的水平。出现这一情况可能与农、林、牧、渔业的高风险有关，银行需要提高贷款利率来覆盖该行业借款人的高风险。与之相比，租赁和商务服务业，建筑业，交通运输、仓储和邮政业等行业的信贷融资成本相对较低，平均贷款利率分别为 5.56%、5.68%、5.70%。比较可以看出，平均贷款利率最高的房地产行业和最低的租赁和商务服务业相差 1.11 个百分点。作为实体经济的最重要组成部分，制造业上市公司平均贷款利率为 5.94%，在所有行业中处于中游水平，贷款成本相对于其他行业而言总体并不算高。

从贷款利差（见图 5-2）来看，在 16 个行业中，有 7 个行业的平均贷款利差为负值，即平均贷款利率总体上低于基准利率。其余 9 个行业的平均贷款利差为正值。其中，房地产业仍然为平均贷款利差最高的行业，商业银行对房地产行业上市公司的平均贷款利率比基准利率平均高 0.69 个百分点；排名第二的是文化、体育和娱乐业，平均贷款利差为 0.44%。在所有行业中，卫生和社会工作的平均利差水平最低，仅为 -0.59%；交通运输、仓储和邮政业也比较低，为 -0.43%。比较可以看出，平均贷款利差最高的房地产行业和最低的卫生和社会工作相差 1.28 个百分点。制造业上市公司平均贷款利差为 -0.01%，说明制造业上市公司平均贷款利率要略低于基准利率水平，与其他行业相比处于中等偏下位置。从平均贷款利差情况来看，制造业贷款成本与其他行业相比也不算高。

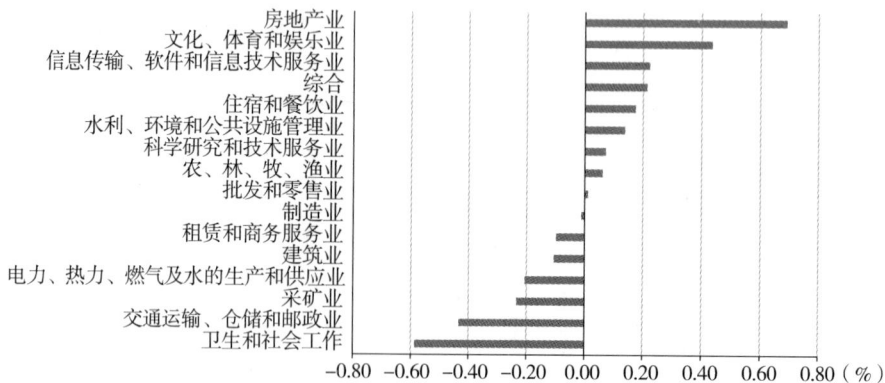

图 5-2 不同行业上市公司平均贷款利差

资料来源：笔者整理。

5.1.2 制造业

2004~2018 年，制造业上市公司平均贷款成本变动情况如表 5-2 和图 5-3 所示。

表 5-2 制造业上市公司平均贷款成本 单位：%

年度	平均贷款利率	平均贷款利差
2004	5. 75	0. 10
2005	5. 89	0. 02
2006	5. 64	−0. 46
2007	6. 61	−0. 54
2008	6. 55	−0. 22
2009	5. 52	−0. 04
2010	5. 69	−0. 07
2011	6. 54	0. 17
2012	6. 48	−0. 01
2013	6. 29	0. 05
2014	6. 37	0. 25
2015	5. 34	0. 21
2016	4. 73	0. 16
2017	4. 73	0. 26
2018	5. 30	0. 96

资料来源：笔者整理。

比较表 5-2、图 5-3 和表 3-1、图 3-1 可以看出，2004~2018 年，制造业上市公司平均贷款成本的时间变动趋势与全体样本情形基本相同。

从贷款利率情况看，制造业上市公司平均贷款利率总体上随着基准利率的波动而波动。其中，2007~2008 年、2011~2014 年平均贷款利率保持在相对较高水平；2004~2006 年、2009~2010 年平均贷款利率处于相对较低水平。经过 2015~2017 年的利率下行之后，2018 年制造业上市公司平均

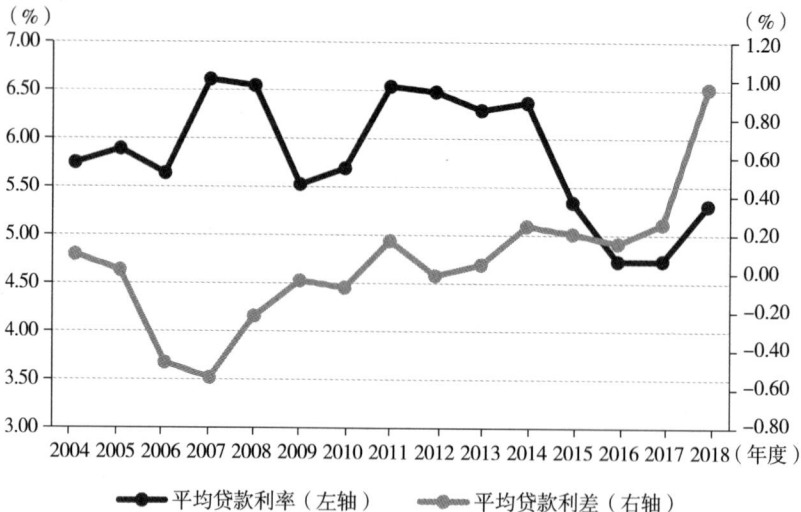

图 5-3　制造业上市公司平均贷款成本

资料来源：笔者整理。

贷款利率出现了明显的上升，与 2017 年相比平均贷款利率提高了 0.57 个百分点。

从贷款利差情况看，2004~2018 年、2006~2010 年以及 2012 年，制造业上市公司平均贷款利差为负值，即平均贷款利率低于贷款基准利率，说明这一期间制造业信贷融资成本相对较低；其他年度制造业上市公司平均贷款利差均为正值，即平均贷款利率高于贷款基准利率。从表 5-2 和图 5-3 中均可以看出一个重要的趋势是，制造业上市公司平均贷款利差从 2007 年以来呈稳步上升趋势，反映出在利率市场化的背景下，制造业上市公司的相对融资成本在不断上升。

5.1.3　房地产业

房地产业是关系到国计民生的另一个重要行业。2004~2018 年，房地产行业上市公司贷款成本变动情况如表 5-3 和图 5-4 所示。

表 5-3 房地产业上市公司平均贷款成本 　　　　单位：%

年度	平均贷款利率	平均贷款利差
2004	6.23	0.74
2005	6.21	0.57
2006	6.51	0.50
2007	6.90	−0.08
2008	7.01	0.24
2009	5.69	0.23
2010	6.02	0.31
2011	7.23	1.02
2012	7.95	1.44
2013	7.42	1.26
2014	7.54	1.47
2015	6.27	0.82
2016	5.78	0.94
2017	5.16	0.52
2018	5.42	0.82

资料来源：笔者整理。

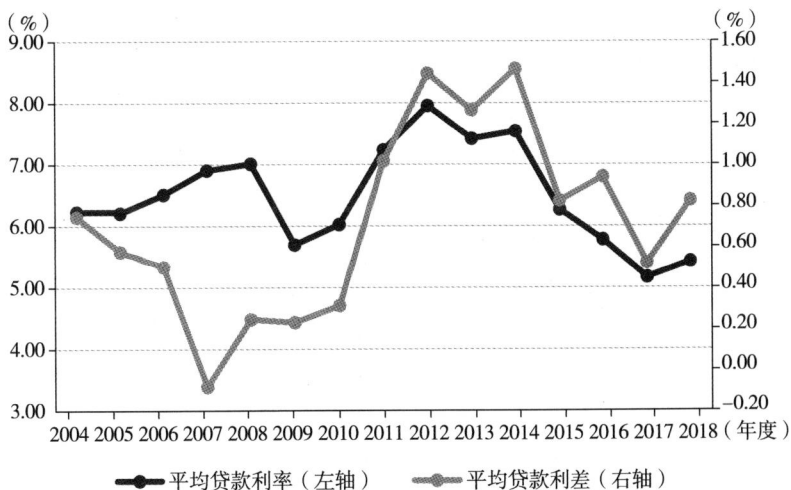

图 5-4 房地产业上市公司平均贷款成本

资料来源：笔者整理。

从表 5-3 和图 5-4 可以看出，房地产行业上市公司贷款成本的变动趋势与全体样本情形相比基本类似，呈现出以下特征：

第一，从平均贷款利率来看，房地产行业上市公司平均贷款利率在 2008 年、2011~2014 年也出现了阶段性高点。不过，2011~2014 年房地产行业上市公司的平均贷款利率分别达到 7.23%、7.95%、7.42%、7.54%，大大高于其他时期，反映出在这一时期房地产行业上市公司所面临的融资压力与其他时期相比更为突出。

第二，房地产行业信贷融资成本的波动幅度相对较高。自 2014 年以来，房动产行业上市公司的平均贷款利率出现了明显下降，且下降幅度非常大。房地产行业上市公司的平均贷款利率从 2012 的阶段性高点 7.95% 下降到 2017 年的阶段性低点 5.16%，下降了 2.79 个百分点。与之相比，如表 3-1 和图 3-1 所示，全体样本上市公司平均贷款利率从 2012 的阶段性高点 6.69% 下降到 2016 年的阶段性低点 4.87%，下降幅度为 1.82 个百分点。可以看到，这一期间房地产行业上市公司平均贷款利率的下降幅度要高于全体样本情形。房地产行业上市公司在信贷融资成本上的这种特点可能与该行业具有较强的周期性且受宏观政策调控影响较大有关。

第三，房地产行业上市公司平均贷款成本从 2015 年开始呈下降趋势。这一特点与全体样本情形有所不同。无论是从贷款利率还是从贷款利差来看，自 2015 年以来，房地产行业上市公司平均贷款成本均呈震荡下行趋势。其中，平均贷款利率从 2014 年的阶段性高点 7.54% 下降到 2018 年的 5.42%，下降了 2.02 个百分点；平均贷款利差从 2014 年的阶段性高点 1.47% 下降到 2018 年的 0.82%，下降了 0.65 个百分点。尽管与 2017 年相比，上述两个指标在 2018 年均有所上升，但上升幅度并不明显，均低于全体样本。如表 3-1 和图 3-1 所示，全体样本上市公司平均贷款利率从 2016 年开始出现明显的上升趋势，而平均贷款利差则从 2007 年开始总体上呈上升趋势。房地产行业上市公司在平均贷款成本上之所以出现这种趋势，原因可能在于随着我国人口结构的变化以及宏观调控政策的收紧，房地产行业高增长、高盈利时代逐步进入阶段性尾声，房地产行业发展呈现趋势性变化。房地产行业增速放缓、盈利能力下滑降低了房地产行业上市公司信贷融资需求，进而带动平均贷款成本下降。

5.2　贷款期限

5.2.1　全体行业

2004~2018 年，不同行业上市公司平均贷款期限如表 5-4 和图 5-5 所示。

表 5-4　不同行业上市公司平均贷款期限　　　　单位：年

行业名称	行业代码	平均贷款期限
农、林、牧、渔业	A	3.61
采矿业	B	4.19
制造业	C	3.13
电力、热力、燃气及水的生产和供应业	D	7.38
建筑业	E	4.35
批发和零售业	F	4.39
交通运输、仓储和邮政业	G	5.96
住宿和餐饮业	H	3.03
信息传输、软件和信息技术服务业	I	2.76
房地产业	K	3.30
租赁和商务服务业	L	4.05
科学研究和技术服务业	M	4.89
水利、环境和公共设施管理业	N	3.35
卫生和社会工作	Q	3.98
文化、体育和娱乐业	R	3.59
综合	S	3.78

资料来源：笔者整理。

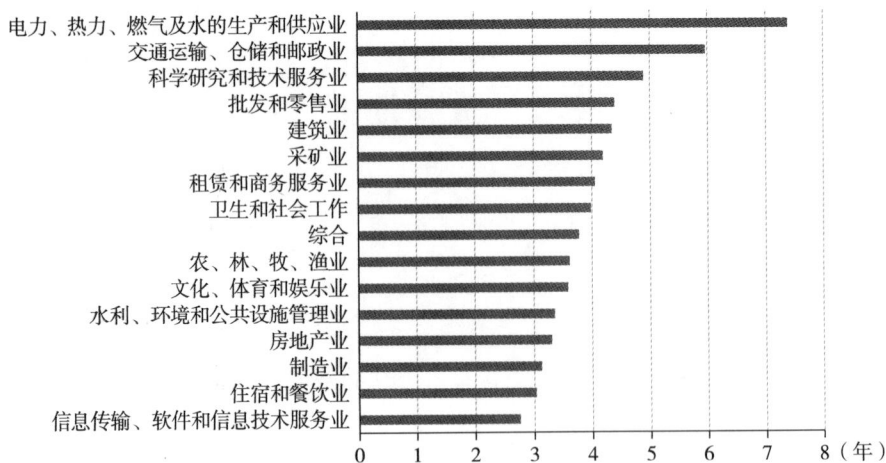

图 5-5   不同行业上市公司平均贷款期限

资料来源：笔者整理。

从表 5-4 和图 5-5 可以看到，不同行业上市公司平均贷款期限差异较大。电力、热力、燃气及水的生产和供应业上市公司平均贷款期限最长，达到 7.38 年。主要原因在于该行业属于基础设施行业，经营项目投资期限普遍较长，资金使用周期相应地也比较长。其次为交通运输、仓储和邮政业，该行业上市公司平均贷款期限为 5.96 年。与之相比，信息传输、软件和信息技术服务业上市公司平均贷款期限最短，为 2.76 年；其次为住宿和餐饮业的上市公司，平均贷款期限为 3.03 年。平均贷款期限最长的电力、热力、燃气及水的生产和供应业和最短的信息传输、软件和信息技术服务业相差 4.52 年。制造业和房地产行业上市公司的平均贷款期限都比较短，分别为 3.13 年和 3.30 年。

5.2.2   制造业

2004~2018 年，制造业上市公司不同年度平均贷款期限如表 5-5 和图 5-6 所示。

表 5-5　制造业上市公司平均贷款期限　　　　单位：年

年度	平均贷款期限
2004	3.90
2005	4.70
2006	4.88
2007	3.73
2008	3.26
2009	3.65
2010	3.27
2011	3.06
2012	3.34
2013	3.23
2014	3.34
2015	3.18
2016	1.82
2017	1.36
2018	1.23

资料来源：笔者整理。

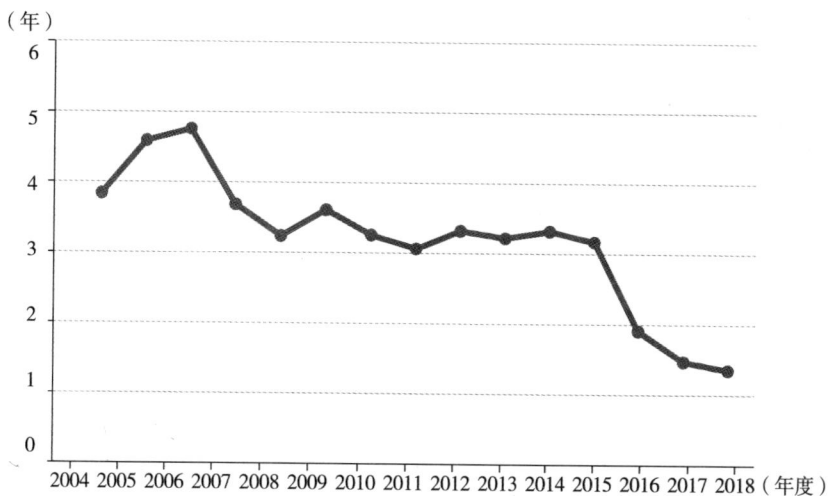

图 5-6　制造业上市公司平均贷款期限

资料来源：笔者整理。

从表 5-5 和图 5-6 可以看出,自 2004 年以来,制造业上市公司平均贷款期限呈明显的下降趋势,与全体样本情形一致。其中,2018 年制造业上市公司平均贷款期限为 1.23 年,意味着商业银行发放给制造业上市公司的贷款多数为期限略高于 1 年期的短期贷款。与之相比,样本期间制造业上市公司平均贷款期限最长的年度为 2006 年,达到 4.88 年,是 2018 年的近 4 倍。与全体样本情形类似,平均贷款期限的下降对于制造业上市公司来说无疑加大了资金管理的难度,在一定程度上反映出商业银行对制造业上市公司支持力度的弱化。

5.2.3 房地产业

2004~2018 年,房地产行业上市公司不同年度平均贷款期限如表 5-6 和图 5-7 所示。

表 5-6 房地产业上市公司平均贷款期限 单位:年

年度	平均贷款期限
2004	2.76
2005	1.80
2006	3.28
2007	3.59
2008	2.62
2009	3.54
2010	3.76
2011	2.92
2012	3.15
2013	3.53
2014	3.39
2015	3.13
2016	3.22
2017	2.91
2018	4.60

资料来源:笔者整理。

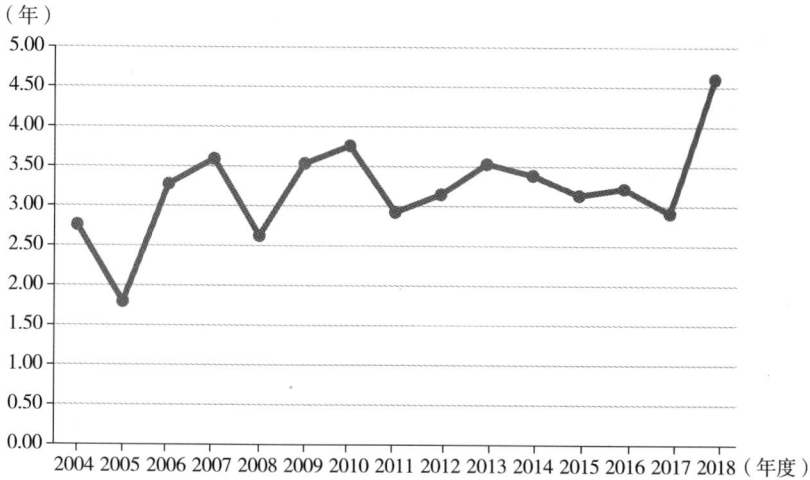

图 5-7 房地产业上市公司平均贷款期限

资料来源：笔者整理。

从表 5-6 和图 5-7 可以看出，不同于全体样本情形，房地产行业上市公司平均贷款期限呈现稳中有升的态势。在 2005 年达到 1.80 的阶段性低点之后，直到 2018 年之前，房地产行业上市公司平均贷款期限一直稳定在 3 年左右。值得注意的是，与全体行业情形不同，2018 年房地产行业上市公司平均贷款期限出现了上升，贷款期限从 2017 年的 2.91 年提高到 2018 年的 4.60 年，增加了 1.69 年。其原因可能与房地产行业增速放缓导致短期资金需求下降有关。

5.3 信用增级

5.3.1 全体行业

2004~2018 年，不同行业上市公司贷款平均信用增级情况如表 5-7、图 5-8 和图 5-9 所示。

表 5-7 不同行业上市公司贷款平均信用增级

行业名称	行业代码	平均信用增级强度	平均非信用贷款占比（%）
农、林、牧、渔业	A	1.99	0.91
采矿业	B	1.60	0.57
制造业	C	1.84	0.76
电力、热力、燃气及水的生产和供应业	D	1.72	0.67
建筑业	E	1.83	0.79
批发和零售业	F	1.90	0.89
交通运输、仓储和邮政业	G	1.59	0.57
住宿和餐饮业	H	1.97	0.90
信息传输、软件和信息技术服务业	I	1.88	0.83
房地产业	K	2.00	0.93
租赁和商务服务业	L	1.79	0.78
科学研究和技术服务业	M	1.23	0.23
水利、环境和公共设施管理业	N	1.68	0.53
卫生和社会工作	Q	1.50	0.50
文化、体育和娱乐业	R	1.74	0.74
综合	S	2.04	0.93

资料来源：笔者整理。

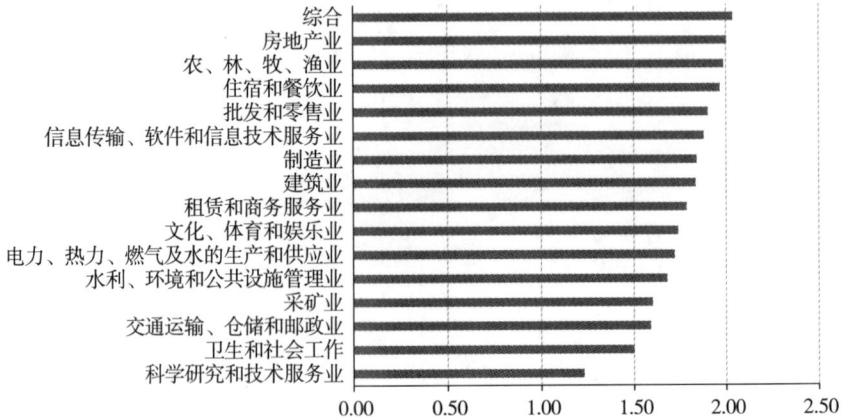

图 5-8 不同行业上市公司贷款平均信用增级强度

资料来源：笔者整理。

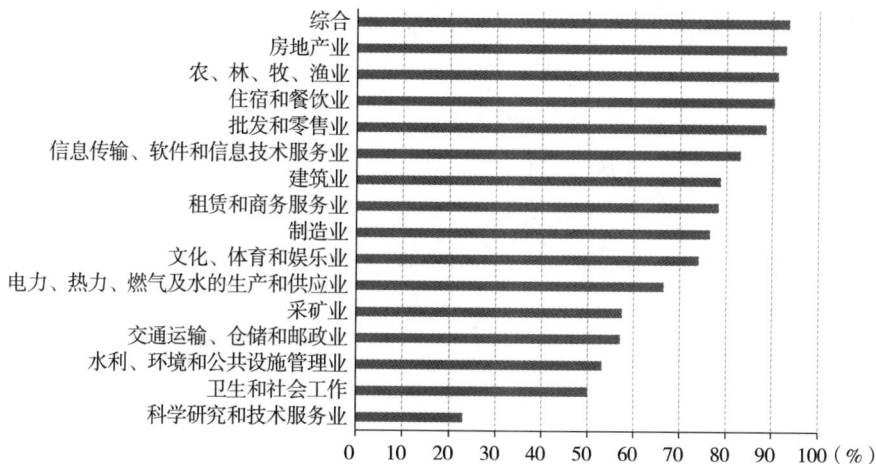

图 5-9　不同行业上市公司平均非信用贷款占比

资料来源：笔者整理。

可以看出，不同行业上市公司贷款平均信用增级措施也存在较大差异，这种差异反映了商业银行对不同行业上市公司风险评估的异质性。

从贷款信用增级强度来看，商业银行对综合、房地产业以及农林、牧、渔业等行业上市公司提供贷款时，要求提供的信用增级强度比较高。其中，房地产业以及农、林、牧、渔业等都是风险相对较高的行业，商业银行需要上市公司提供足够的信用增级措施以控制风险。综合上市公司贷款平均信用增级强度最高，达到 2.04。相对而言，商业银行向科学研究和技术服务业、卫生和社会工作等行业上市公司提供贷款时，要求借款人提供的信用增级措施则相对较弱。其中，科学研究和技术服务业上市公司贷款平均信用增级强度最低，为 1.23，与综合相差 0.81。另外，商业银行在向制造业上市公司提供贷款时，要求借款人提供的平均信用增级强度为 1.84，在所有行业中处于中等偏上水平。

非信用贷款占比的情况基本类似。综合、房地产业以及农、林、牧、渔业等行业上市公司为获得贷款，在很多情况下仍然需要提供相应的信用增级措施，采取信用贷款的方式占比很少。其中，综合和房地产业上市公司平均非信用贷款占比均为 93%，意味着绝大多数情况下上述两个行业上市公司通过贷款方式进行融资时都需要提供信用增级措施，信用贷款占比仅为 7%。与之相比，商业银行向科学研究和技术服务业、卫生和社会工作等行业上市公司提供贷款时，要求借款人提供信用增级的非信用贷款占比则相对较低。其中，商业银行向科学研究和技术服务业上市公司提供的贷款中，平均非信用贷款占比仅为 23%，与综合业上市公司相差 70 个百分点。

5.3.2 制造业

2004~2018 年，制造业上市公司贷款平均信用增级情况如表 5-8 和图 5-10 所示。

表 5-8　制造业上市公司贷款平均信用增级

年度	平均信用增级强度	平均非信用贷款占比（%）
2004	1.75	73
2005	1.96	87
2006	1.92	86
2007	1.90	81
2008	1.85	77
2009	1.81	77
2010	1.77	73
2011	1.82	75
2012	1.86	79
2013	1.93	77
2014	2.02	84
2015	1.91	81
2016	1.86	76
2017	1.76	69
2018	1.77	69

资料来源：笔者整理。

从表 5-8 和图 5-10 可以看出，制造业上市公司贷款平均信用增级强

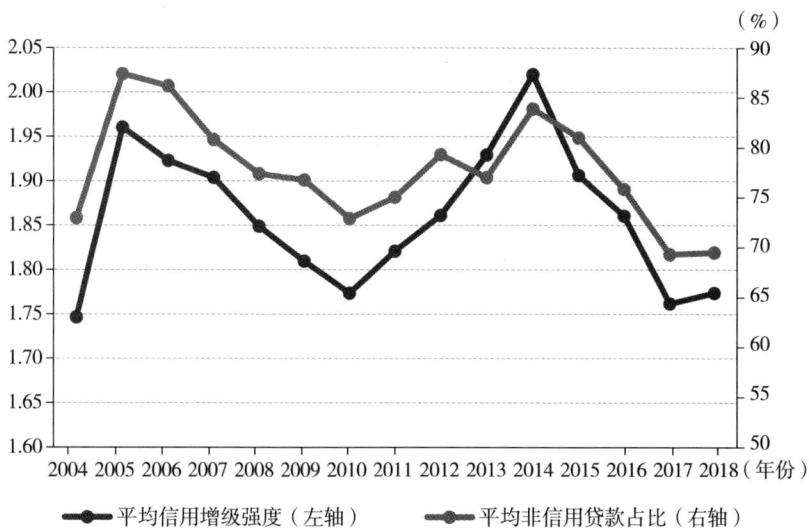

图 5-10　制造业上市公司贷款平均信用增级

资料来源：笔者整理。

度变动趋势与全体样本情况基本类似。

从信用增级强度来看，制造业上市公司平均信用增级强度于 2005 年和 2014 年达到阶段性高点，平均信用增级强度分别为 1.96 和 2.02，意味着这一时期的商业银行在发放贷款过程中对制造业上市公司信用增级要求比较高。2010 年为阶段性低点，平均信用增级强度为 1.77，意味着这一时期的商业银行在发放贷款过程中对制造业上市公司信用增级要求相对较低。与全体样本情形一致，自 2015 年以来，商业银行对制造业上市公司的贷款平均信用增级强度也呈下降趋势。不过，不同于全体样本情形，2018 年制造业上市公司贷款平均信用强度又呈小幅的上升趋势，从 2017 年的 1.76 小幅上升到 2018 年的 1.77。如前文所述，制造业上市公司贷款近年来平均信用增级强度之所以呈下降趋势，潜在的原因可能有两个方面。一方面，商业银行通过金融科技的应用提高了风控能力，逐渐降低对信用增级措施的依赖；另一方面，商业银行向制造业提供贷款的平均期限不断下降。与长期贷款相比，当贷款为短期贷款时，商业银行要求借款人提供的信用增级措施会相对较弱。当然，比较图 5-6 和图 5-10 来看，制造业上市公司平均贷款期限自 2006 年开始呈现稳步的下降趋势，而贷款平均信用增级强度在 2006~2018 年出现了较大的波动。从这个意义上说，制造业上市公司贷款平均信用增级强度在样本期间的波动并不能完全由平均贷款期限的下降所解释。

从非信用贷款占比指标来看，情况基本类似。阶段性高点出现在 2005 年和 2014 年；阶段性低点出现在 2010 年；而且，从 2015 年开始，制造业上市公司贷款平均信用增级强度总体上呈现下降趋势，信用贷款占比不断上升。

5.3.3 房地产业

2006~2018 年，制造业上市公司平均信用增级情况如表 5-9 和图 5-11 所示。

表 5-9　房地产业上市公司贷款平均信用增级

年度	平均信用增级强度	平均非信用贷款占比（％）
2006	1.80	78
2007	1.99	96
2008	1.82	78
2009	2.01	91
2010	2.06	97
2011	2.01	97
2012	2.10	96
2013	2.04	96
2014	2.04	91
2015	2.03	99
2016	2.09	100
2017	1.98	90
2018	1.73	73

资料来源：笔者整理。

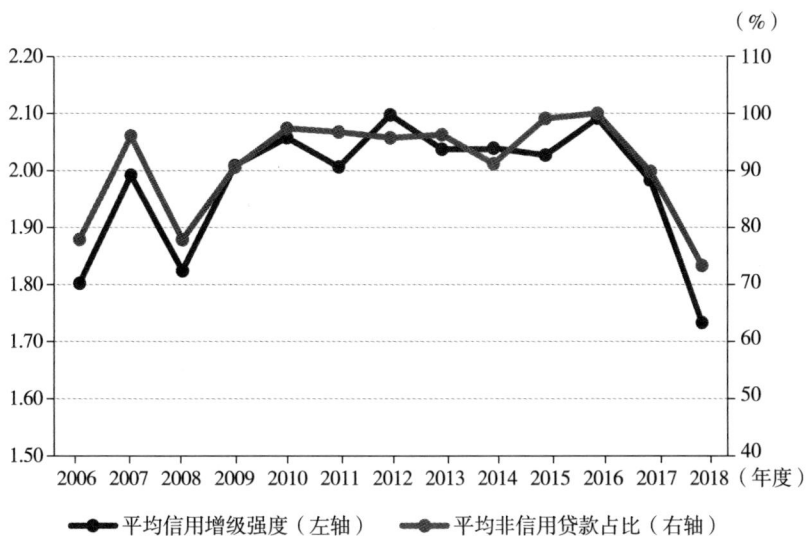

图 5-11　房地产业上市公司贷款平均信用增级

资料来源：笔者整理。

从表 5-9 和图 5-11 中可以看出，房地产行业上市公司贷款平均信用增级波动性相对较小，2009~2018 年平均信用增级强度基本保持在 2 左右的水平，而平均非信用贷款占比基本保持在 90% 左右。从表 5-9 和图 5-11 中还可以看出，房地产行业上市公司贷款平均信用增级从 2017 年开始出现了明显的下降，这反映出商业银行在向房地产行业上市公司发放贷款时对信用增级措施要求的放松。其中，贷款平均信用增级强度从 2016 年的 2.09 下降至 2018 年的 1.73，平均非信用贷款占比从 2016 年的 100% 下降至 2018 年的 73%。前文从金融科技的应用和平均贷款期限的下降两个方面分析了上市公司贷款平均信用增级强度近年来出现的下降趋势。从房地产行业上市公司的情况来看，情况有所不同。从表 5-6 和图 5-7 可以看出，近年来房地产行业上市公司平均贷款期限稳中有升，并未出现明显的下降。因此，近年来房地产行业上市公司平均信用增级强度、平均非信用贷款占比的下降不能用平均贷款期限的下降来解释，其背后更有可能是受金融科技的影响或者存在其他方面的原因。

5.4 贷款额度

5.4.1 全体行业

2004~2018 年，不同行业上市公司平均贷款额度情况如表 5-10 和图 5-12 所示。

表 5-10　不同行业上市公司平均贷款额度　　　　　　单位：%

行业名称	行业代码	平均贷款额度
农、林、牧、渔业	A	2.57
采矿业	B	1.95
制造业	C	2.07
电力、热力、燃气及水的生产和供应业	D	3.18
建筑业	E	2.73
批发和零售业	F	2.06
交通运输、仓储和邮政业	G	5.21
住宿和餐饮业	H	4.94
信息传输、软件和信息技术服务业	I	1.54
房地产业	K	3.37
租赁和商务服务业	L	2.72
科学研究和技术服务业	M	4.27
水利、环境和公共设施管理业	N	4.03
卫生和社会工作	Q	3.46
文化、体育和娱乐业	R	8.49
综合	S	1.83

资料来源：笔者整理。

文化、体育和娱乐业
交通运输、仓储和邮政业
住宿和餐饮业
科学研究和技术服务业
水利、环境和公共设施管理业
卫生和社会工作
房地产业
电力、热力、燃气及水的生产和供应业
建筑业
租赁和商务服务业
农、林、牧、渔业
制造业
批发和零售业
采矿业
综合
信息传输、软件和信息技术服务业

0 1 2 3 4 5 6 7 8 9（%）

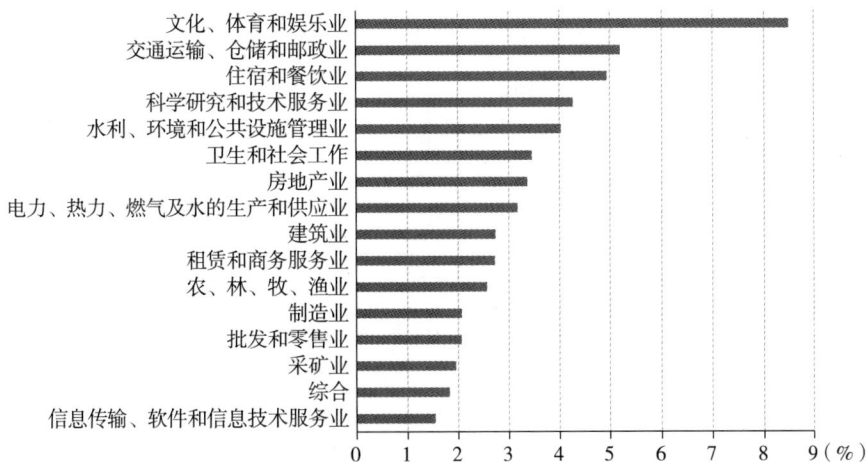

图5-12 不同行业上市公司平均贷款额度

资料来源：笔者整理。

从表5-10和图5-12可以看出，不同行业上市公司平均贷款额度差异明显。文化、体育和娱乐业上市公司在所有行业中平均贷款额度最高，单笔贷款金额在上市公司总资产中占比平均为8.49%。出现这种情况可能与文化、体育和娱乐业的上市公司普遍具有轻资产的特征有关，这类公司的核心竞争力往往体现在其人才和品牌优势等方面，并没有价值太多的实物资产。比较可以看出，文化、体育和娱乐业上市公司平均贷款额度要远高于排名第二位的交通运输、仓储和邮政业，该行业上市公司平均贷款额度仅为5.21%。相对而言，信息传输、软件和信息技术服务业，综合，采矿业等行业上市公司平均贷款额度较低。其中，信息传输、软件和信息技术服务业上市公司平均贷款额度仅为1.54%。平均贷款额度最高的文化、体育和娱乐业与最低的信息传输、软件和信息技术服务业相差6.95个百分点。制造业上市公司平均贷款额度为2.07%，与其他行业相比也不高；房地产业上市公司平均贷款额度为3.37%，在所有行业中处于中等偏上水平。

5.4.2 制造业

2004~2018年，制造业上市公司平均贷款额度时间变动趋势如表5-11和图5-13所示。

表 5-11　制造业上市公司平均贷款额度　　　　单位：%

年度	平均贷款额度
2004	3.97
2005	3.71
2006	2.06
2007	4.11
2008	2.87
2009	3.22
2010	2.12
2011	1.33
2012	1.31
2013	1.48
2014	1.15
2015	1.26
2016	1.37
2017	0.89
2018	0.79

资料来源：笔者整理。

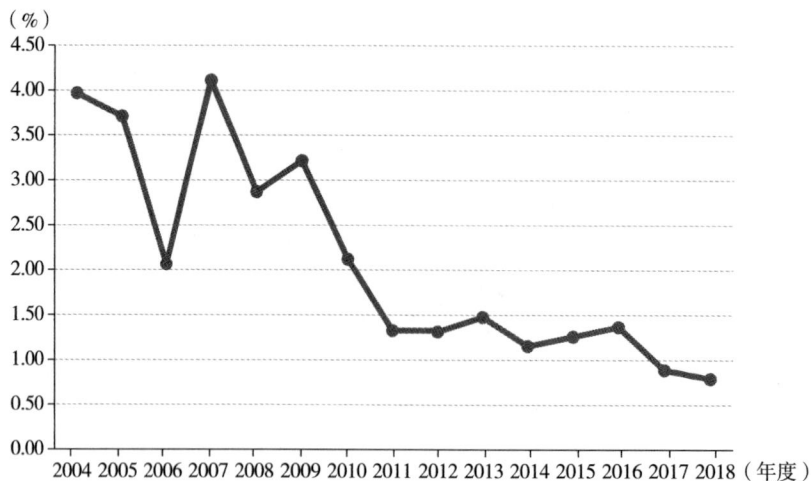

图 5-13　制造业上市公司平均贷款额度

资料来源：笔者整理。

从表 5-11 和图 5-13 中可以看出，与全体样本情形一致，自 2004 年以来，制造业上市公司平均贷款额度也呈稳步的下降趋势。平均贷款额度从 2004 年的 3.97% 下降到 2018 年的 0.79%，下降趋势明显。如前文所述，其原因有两个。一方面，随着越来越多的中小银行开始向制造业上市公司提供贷款，受相关政策限制逐笔贷款金额不断降低；另一方面，制造业上市公司本身资产规模也在不断增加，使单笔贷款金额相对于制造业上市公司的资产规模来说不断下降。

5.4.3 房地产业

2004~2018 年，房地产行业上市公司平均贷款额度时间变动趋势如表 5-12 和图 5-14 所示。

表 5-12 房地产业上市公司平均贷款额度　　　　单位：%

年度	平均贷款额度
2004	0.89
2005	0.65
2006	3.45
2007	5.05
2008	3.01
2009	5.11
2010	6.62
2011	1.97
2012	2.06
2013	2.41
2014	1.79
2015	1.18
2016	1.24
2017	1.09
2018	1.27

资料来源：笔者整理。

（％）

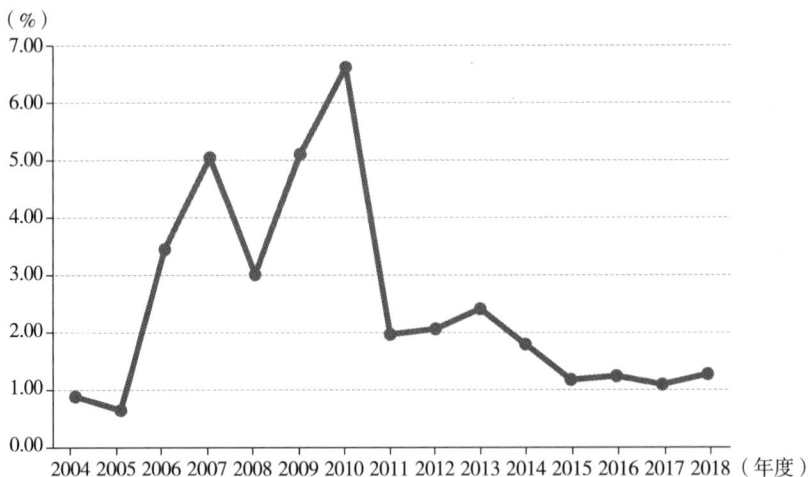

图 5-14　房地产业上市公司平均贷款额度

资料来源：笔者整理。

从表 5-12 和图 5-14 中可以看出，房地产行业上市公司平均贷款额度的波动幅度较大。具体来看，平均贷款额度从 2004 年的 0.89% 增加到 2010 年的阶段性高点 6.62%，商业银行对房地产行业上市公司逐笔贷款金额不断加大；从 2011 年开始，房地产行业上市公司平均贷款额度开始不断下降，逐步降低到 2018 年的 1.27%。总体上看，商业银行对房地产行业上市公司的平均贷款额度并未体现出单一的下降趋势，与全体样本的情形有所不同。之所以出现这种情况，可能与样本区间早期我国房地产行业的快速发展有关。房地产行业的快速发展使商业银行加大了对房地产行业上市公司的贷款支持力度，单笔贷款相对于房地产上市公司资产规模的比率也在上升。近年来，随着房地产行业增速的放缓，房地产行业上市公司贷款需求有所下降，平均贷款额度也相应地有所下降。

5.5　本章小结

基于以上分析，笔者将我国上市公司信贷融资条件的行业特征总结如下：

第一，不同行业上市公司在信贷融资条件上差别明显。2004～2018年，平均贷款利率最高的行业与最低的行业相差 1.11 个百分点；平均贷款利差最高的行业和最低的行业相差 1.28 个百分点；平均贷款期限最高的行业与最低的行业相差 4.52 年；贷款平均信用增级强度最高的行业与最低的行业相差 0.81；非信用贷款占比最高的行业与最低的行业相差 70 个百分点；平均贷款额度最高的行业与最低的行业相差 6.66 个百分点。如前所述，上市公司信贷融资条件的这种行业差异可能受到多种因素的影响。

第二，制造业上市公司信贷融资条件与其他行业相比处于中等水平。无论是从贷款成本、贷款期限、贷款信用增级、贷款额度等方面来看均是如此。

第三，房地产行业上市公司信贷融资条件表现出较强的波动性。样本期间，房地产行业上市公司在平均贷款成本和平均贷款额度等方面的波动性均要高于全样本情形。之所以出现这种情况，可能与该行业具有较强的周期性且受宏观政策调控影响较大有关。

第四，房地产行业上市公司平均融资成本自 2015 年以来呈震荡下行趋势。尽管与 2017 年相比，2018 年房地产行业上市公司平均贷款成本有所上升，但上升幅度并不明显。可能的原因在于，随着人口结构的变化和宏观调控政策的收紧，我国房地产行业的高增长时期告一段落。行业盈利能力的下滑降低了融资需求，进而带动了融资成本的下降。

上市公司各类银行信贷融资条件

中国银行业金融机构体系庞大。截至 2018 年底，中国银行业金融机构数量达到 4588 家。其中，包括开发性金融机构 1 家、政策性银行 2 家、国有大型商业银行 6 家、股份制商业银行 12 家、金融资产管理公司 4 家、城市商业银行 134 家、住房储蓄银行 1 家、民营银行 17 家、农村商业银行 1427 家、农村合作银行 30 家、农村信用社 812 家、村镇银行 1616 家、贷款公司 13 家、农村资金互助社 45 家、外资法人银行 41 家、信托公司 68 家、金融租赁公司 69 家、企业集团财务公司 253 家、汽车金融公司 25 家、消费金融公司 23 家、货币经纪公司 5 家，以及其他金融机构 14 家。本书包含的贷款合约样本涉及大型商业银行、股份制商业银行、城市商业银行、农村商业银行、农村合作银行、村镇银行、城市信用社、农村信用社人类银行业金融机构。

结合我国银行业金融机构的常见分类，我们把样本贷款合约涉及的银行分为以下三类：一是国有大型商业银行，包括中国工商银行、中国农业银行、中国银行、中国建设银行、交通银行。此类银行是由政府控股的全国性银行，有经营规模大、分支机构众多的特点。二是股份制银行，共 12 家。股份制银行能够在全国范围内从事经营，股权结构较为多元化，公司治理相对完善，市场化程度较高，其资产规模介于国有大型商业银行和其他中小银行之间①。三是其他中小银行。包括城市商业银行、农村商业银行、农村合作银行、村镇银行、城市信用社、农村信用社。其他中小银行

---

① 2018 年末，股份制银行中的招商银行尽管资产规模仍低于 5 家国有大型商业银行，但其净利润已经超过国有大型商业银行中的交通银行。

主要为区域性银行业金融机构，股权结构较为多元分散，公司治理相对不完善，经营范围主要集中于本地，且资产规模总体上与国有大型商业银行和股份制银行相比要小得多①。在此基础上，我们对不同类型银行贷款合约的条件进行比较。

银行类型之所以会对上市公司信贷融资条件产生影响，至少有以下五方面原因：

第一，风险偏好的差异。总体上看，国有大型商业银行作为政府控股的全国性银行，经营相对稳健，风险偏好相对较低；与之相比，部分股份制银行以及区域性中小银行出于应对市场竞争需要，风险偏好相对较高（李广子，2013，2014）。风险偏好的差异将对银行选择什么样的客户群体产生影响，进而影响到信贷融资条件。

第二，所有权性质上的差异。部分银行由各级政府或国有法人控股，具有国有属性；部分银行则由民营资本控股，具有民营属性。首先，不同所有权性质的银行在履行社会责任方面存在一定差异，比如，国有银行可能会把履行社会责任摆在更加重要的位置，而非国有银行可能更加关注商业利益；其次，作为借款人的上市公司也有国有企业和非国有企业之分，不同所有权性质的商业银行对不同所有权性质的借款人可能会有不同的偏好。很多研究表明，国有银行存在针对民营企业的"信贷歧视"（Brandt and Li，2007；Ge and Qiu，2007；李广子和刘力，2009）。基于以上两方面原因，我们可以看出，所有权性质上的差异将会对商业银行信贷融资条件产生影响。

第三，银行资产规模的差异。如前文所述，不同类型的银行在资产规模上存在很大差异。已有的研究表明，不同规模的银行可能会偏好不同规模的企业。一部分观点认为，中小银行在向中小企业发放贷款方面更有优势。主要是因为大银行层级较多，更多地依赖财务报表信息、抵押资产价值等"硬信息"进行决策（Stein，2002；Berger and Udell，2002），而中小企业往往不具备这些信息；与之相比，中小银行层级少，能够较好地识别中小企业主的个人品德、员工的工作满意度等"软信息"（Berger and

---

① 2018 年末，城市商业银行中的北京银行、上海银行、江苏银行、南京银行、徽商银行、宁波银行、盛京银行以及农村商业银行中的重庆农村商业银行、上海农村商业银行等在资产规模上已经超过了部分股份制银行。

Udell，2002，2006）。另一部分观点则认为，大银行与中小银行相比在服务中小企业融资方面具有特定优势，如资金优势、信息技术优势、网点优势等（Frame et al.，2001；李广子等，2016）。从总体上看，资产规模的不同会对商业银行的客户选择产生影响，进而影响到信贷融资条件。

第四，风控能力上的差异。经过多年的发展和积累，不同类型的银行在风控能力方面呈较大的差异。近年来，部分先进银行加大了在科技方面的投入，将包括人工智能、大数据等在内的最新科技手段用于改造业务流程以提高风控能力，使银行能够对借款人进行有效的筛选，并结合借款人的风险特征设计差异化的信贷融资条件。从总体上看，国有大型商业银行、股份制银行在风控能力方面要优于区域性中小银行。风控能力的差异也会对商业银行选择客户产生影响，进而影响信贷融资条件。

第五，组织模式上的差异。我国商业银行机构众多，尽管大多数采取股份制形式，但样本期间部分银行还采取合作制的组织模式。例如，农村合作银行、农村信用社等。与股份制相比，一方面，合作制建立在互助与忠诚基础上，实行民主决策，员工对企业具有较高的关心程度和风险意识，企业凝聚力较强。同时，合作制模式下，信息不对称程度较低，有助于降低交易成本和交易风险（Nilsson，2001；贺力平，2002；李树生，2003）。另一方面，由于产权不清，合作制成员无法完全承担其行为所产生的后果，由此引发较为严重的激励问题（Nilsson，2001；Borgen，2004）。已有研究表明，组织模式的差异将会对银行治理效率产生影响（李广子和曾刚，2013）。因此，组织模式的差异也会对银行的信贷决策从而信贷的融资条件产生影响。

6.1　贷款成本

6.1.1　贷款利率

2004~2018 年，上市公司不同类型银行平均贷款利率情况如表 6-1 和图 6-1 所示。

表 6-1　不同类型银行平均贷款利率　　　　　　单位：%

年度	国有大型商业银行	股份制银行	其他中小银行
2004	5.96	5.45	4.87
2005	6.07	5.76	5.38
2006	6.02	6.16	4.58
2007	6.52	6.54	6.42
2008	6.35	6.47	6.61
2009	5.56	5.41	5.67
2010	5.74	5.77	5.75
2011	6.42	6.90	6.98
2012	6.51	6.73	7.26
2013	6.25	6.64	7.01
2014	5.94	6.82	6.99
2015	4.89	5.55	6.43
2016	4.59	4.84	5.65
2017	4.59	5.08	5.27
2018	5.10	5.41	5.59

资料来源：笔者整理。

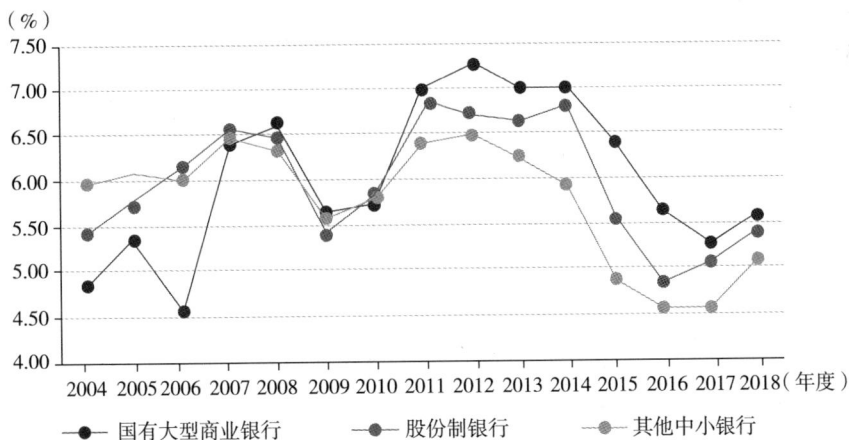

图 6-1　不同类型银行平均贷款利率

资料来源：笔者整理。

由表 6-1 和图 6-1 可知，不同类型银行发放的贷款在平均贷款利率上存在一定差异。主要表现在以下两个方面：

第一，国有大型商业银行平均贷款利率在三类银行中总体上最低，2004~2018 年平均贷款利率为 5.77%；其次为股份制银行，平均贷款利率为 5.97%；其他中小银行平均贷款利率最高，为 6.03%，比国有大型商业银行高 0.26 个百分点。

第二，三类银行在平均贷款利率上的差异并不是在 2004~2018 这一全部样本期间内始终成立。从图 6-1 可以看出，在 2007 年之前，其他中小银行的平均贷款利率反而要低于另外两类银行；而在 2007 年之后，其他中小银行的平均贷款利率开始持续高于另外两类银行。之所以出现这种情况，可能与中小银行的改制有关。我国的城市商业银行主要由城市信用社改制而来，农村商业银行和农村合作银行主要由农村信用社改制而来。在改制之前，城市商业银行、农村商业银行、农村合作银行是以城市信用社或农村信用社的形式存在的。城市信用社、农村信用社在实施改制之前在经营上并未完全实施市场化运作，在具体业务操作上具有很多政策性属性。在这种情况下，其发放贷款过程中设置的资金价格可能存在一定程度上的抑制，导致了贷款利率偏低。随着改制的完成，城市商业银行、农村商业银行、农村合作银行等实现了市场化运作，贷款利率也能更加有效地反映借款主体和银行本身的风险，由此导致贷款利率上升。

6.1.2 贷款利差

2004~2018 年，上市公司不同类型银行平均贷款利差情况如表 6-2 和图 6-2 所示。

表 6-2 不同类型银行平均贷款利差   单位：%

年度	国有大型商业银行	股份制银行	其他中小银行
2004	0.22	-0.07	-0.76
2005	0.19	-0.06	-0.54
2006	-0.11	0.09	-1.52

年度	国有大型商业银行	股份制银行	其他中小银行
2007	−0.64	−0.51	−0.60
2008	−0.43	−0.25	−0.27
2009	−0.04	−0.07	0.09
2010	−0.08	0.03	0
2011	0.08	0.48	0.64
2012	0.02	0.30	0.76
2013	0.01	0.46	0.78
2014	−0.19	0.78	0.94
2015	−0.41	0.32	1.06
2016	−0.05	0.20	0.86
2017	0.02	0.49	0.64
2018	0.69	0.95	1.09

资料来源：笔者整理。

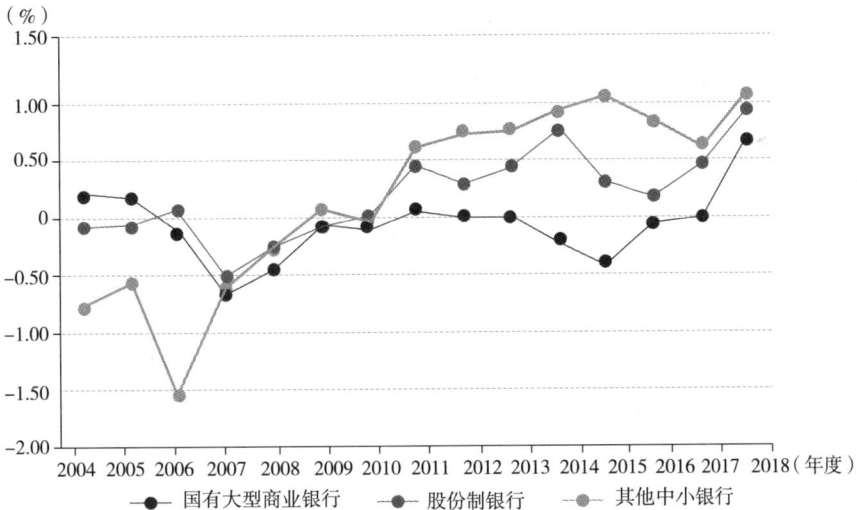

图6-2　不同类型银行平均贷款利差

资料来源：笔者整理。

从贷款利差情况看，与贷款利率所反映的情况基本类似。样本期间，其他中小银行平均贷款利差最高，为 0.211%；股份制银行次之，为 0.208%；国有大型商业银行最低，为-0.05%，比其他中小银行低 0.26 个百分点。此外，样本期间国有大型商业银行平均贷款利差为负值，说明其平均贷款利率要低于基准利率。

从趋势上看，三类银行平均贷款利差自 2008 年开始均呈明显的上升趋势。其中，其他中小银行平均贷款利差的上升幅度尤为明显。其中，2017 年，其他中小银行平均贷款利差比股份制银行高 0.15 个百分点，比国有大型商业银行高 0.62 个百分点；2018 年，其他中小银行平均贷款利差比股份制银行高 0.14 个百分点，比国有大型商业银行高 0.4 个百分点。

另外，其他中小银行平均贷款利差超过股份制银行和国有大型银行的拐点也出现在 2007 年、2008 年。在此之前，其他中小银行贷款平均利差反而要低于其他两类银行。如前文所述，不同类型银行平均贷款利差的这种趋势性变化可能是由于中小银行的改制所引起。

6.2　贷款期限

2004~2018 年，上市公司不同类型银行平均贷款期限情况如表 6-3 和图 6-3 所示。

表 6-3　不同类型银行平均贷款期限　　　　单位：年

年度	国有大型商业银行	股份制银行	其他中小银行
2004	5.23	2.87	8.04
2005	4.97	2.90	9.31
2006	4.83	3.25	8.77
2007	4.88	2.95	5.34
2008	4.18	3.19	4.36
2009	4.49	3.16	4.12
2010	4.27	3.35	3.77
2011	3.41	3.45	3.39

续表

年度	国有大型商业银行	股份制银行	其他中小银行
2012	3.65	3.33	3.64
2013	3.74	3.15	3.27
2014	4.24	3.42	3.12
2015	4.17	4.78	3.21
2016	3.10	2.12	2.04
2017	2.30	2.03	1.76
2018	1.76	1.60	1.60

资料来源：笔者整理。

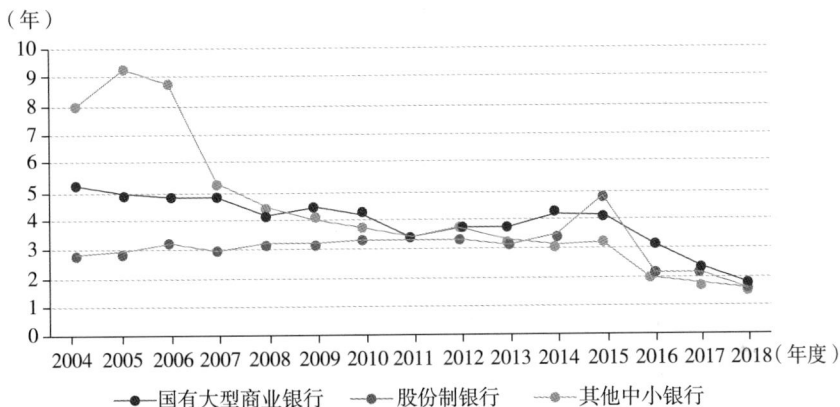

图6-3　不同类型银行平均贷款期限

资料来源：笔者整理。

从表6-3和图6-3可以看出，不同类型银行平均贷款期限存在一定差异，其变动具有以下两方面特征：

第一，从时间趋势上看，各类银行平均贷款期限总体上均呈下降趋势，其他中小银行平均贷款期限下降得尤为明显。具体地，国有大型商业银行平均贷款期限总体上呈下降趋势。从2004年的5.23年下降至2018年的1.76年，下降了3.47年。股份制银行平均贷款期限在2015年之前呈稳中有升的态势，2015年达到阶段性高点，从2016年开始出现明显的下降。平均贷款期限从2015年的4.78年下降至2018年的1.60年，后者仅为前者的1/3左右。其他中小银行平均贷款期限自2004年开始一直保持稳步的下降趋势，从2004年的8.04年下降至2018年的1.60年，后者仅为前者的1/5左右。其中，2007年的下降尤为明显，平均贷款年限从2006年的8.77年下降至2007年的5.34年，下降了3.43年。从总体上看，样本期间其他中小银行平均贷款期限的短期化趋势更加明显。

第二，其他中小银行平均贷款期限在样本期间早期要高于另外两类银行，最近几年则要低于其他两类银行。在2008年之前，其他中小银行平均贷款期限要高于国有大型商业银行，在此之后则系统性低于国有大型商业银行。与股份制银行相比，其他中小银行平均贷款期限变动上的趋势性拐点则出现在2014年。自2014年以来，其他中小银行平均贷款期限要低于股份制银行。

6.3　信用增级

6.3.1　信用增级强度

2004~2018年，上市公司不同类型银行平均信用增级情况如表6-4和图6-4所示。

表6-4　不同类型银行平均信用增级强度

年度	国有大型商业银行	股份制银行	其他中小银行
2004	1.78	1.47	1.48
2005	1.87	2.02	1.65
2006	1.94	1.76	1.58
2007	1.86	1.87	1.80
2008	1.84	1.77	1.89
2009	1.84	1.80	1.76
2010	1.87	1.71	1.75

年度	国有大型商业银行	股份制银行	其他中小银行
2011	1.86	1.81	1.80
2012	1.82	1.91	1.88
2013	1.90	1.78	1.86
2014	1.96	1.87	1.89
2015	1.79	1.86	2.09
2016	1.89	1.82	1.87
2017	1.77	1.73	1.85
2018	1.74	1.74	1.86

资料来源：笔者整理。

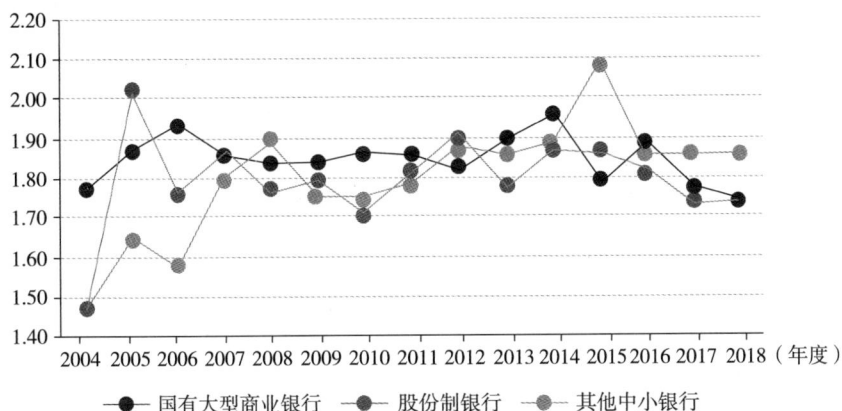

图6-4 不同类型银行平均信用增级强度

资料来源：笔者整理。

从表6-4和图6-4中可以看出，不同类型银行在贷款平均信用增级强度上也存在一定差异。

首先，从时间趋势上看，各类银行贷款平均信用增级强度在整个样本区间并未呈现明显的趋势，但是近年来出现了一定的下降势头。其中，国有大型商业银行贷款平均信用增级强度从2017年开始出现下降，从2016年的1.89下降至2018年的1.74；股份制银行贷款平均信用增级强度从2015年开始出现下降，从2014年的1.87下降至2018年的1.74；其他中小银行贷款平均信用增级强度从 2016 年开始下降，从 2015 年的 2.09 下降至 2018 年的 1.86。如前文所述，商业银行贷款平均信用增级强度近年来出现的下降趋势可能有以下两方面原因：一是与金融科技的应用有关：金融科技的应用降低了商业银行在贷款中对传统信用增级措施的依赖。从表 6-4 和图 6-4 中可以看出，上述这种趋势在不同类型银行的贷款中均有所体现。二是与贷款期限的短期化有关。贷款平均期限的短期化意味着商业银行对信用增级强度要求的弱化。

其次，从整体样本的区间看，不同类型银行贷款平均信用增级强度并未体现出系统性差异，但从 2015~2018 年的情况来看，其他中小银行贷款平均信用增级强度要高于另外两类银行。比如，其他中小银行贷款平均信用增级强度为 1.92，而同一时期国有大型商业银行和股份制银行贷款平均信用增级强度分别为 1.80 和 1.79，反映出其他中小银行在向上市公司发放贷款时，仍然较多地依赖上市公司提供的信用增级措施；而国有大型商业银行和股份制银行则逐渐降低了对信用增级措施的要求。比较来看，国有大型商业银行和股份制银行近年来在贷款平均信用增级强度上差异并不明显，国有大型商业银行贷款平均信用增级强度略高于股份制银行。近年来，不同类型银行在贷款平均信用增级强度上的这种差异可能与金融科技的快速发展有关。与其他中小银行相比，国有大型商业银行、股份制银行在科技、人才等方面具有优势，能够把金融科技手段应用到贷款业务风险控制当中，不断提升风控能力，从而逐渐减少对抵质押、担保、保证等信用增级措施的要求；而很多中小银行并没有足够的人才、科技储备，在应用金融科技手段方面还比较有限，风控能力提升并不明显，导致很多中小银行在开展业务过程中仍较多地依赖传统的信用增级措施。除此之外，其他中小银行与国有大型商业银行和股份制银行在贷款平均信用增级强度上的差异也可能与客户群体的选择有关。与国有大型商业银行和股份制银行相比，其他中小银行的客户群体所面临的风险可能更高。

6.3.2　非信用贷款占比

2004~2018 年，上市公司不同类型银行平均非信用贷款占比情况如表 6-5 和图 6-5 所示。

表6-5 不同类型银行平均非信用贷款占比 单位：%

年度	国有大型商业银行	股份制银行	其他中小银行
2004	75.52	47.06	47.62
2005	83.76	83.72	64.71
2006	87.74	76.47	58.24
2007	78.26	80.42	80.19
2008	78.98	69.86	81.82
2009	79.52	73.73	70.69
2010	79.82	69.80	72.64
2011	77.58	75.80	78.64
2012	76.18	84.58	81.31
2013	75.78	71.60	81.56
2014	82.65	80.00	78.03
2015	74.22	83.75	93.80
2016	74.09	74.30	81.40
2017	68.63	68.84	79.32
2018	65.91	67.61	77.08

资料来源：笔者整理。

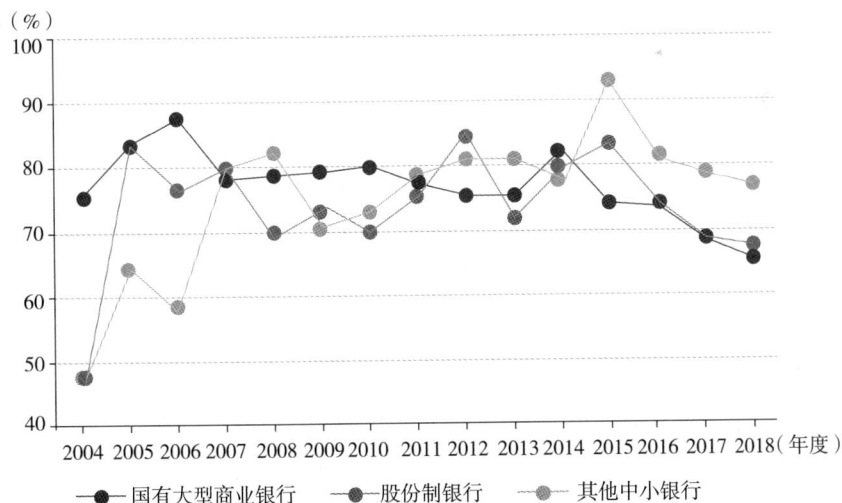

图6-5 不同类型银行平均非信用贷款占比

资料来源：笔者整理。

　　从非信用贷款占比情况来看，情况与信用增级强度指标基本类似。

　　首先，从时间趋势上看，在 2006 年之前，不同类型银行发放贷款中平均非信用贷款占比呈一定的上升趋势；2007~2014 年，平均非信用贷款占比基本保持平稳；从 2015 年开始这一比例又出现了明显的下降。上述趋势反映出近年来各类银行在发放贷款过程中对信用增级措施要求的弱化。

　　其次，从不同类型银行的差异看，整个样本区间内，不同类型银行平均非信用贷款占比并未体现出系统性差异。但从最近几年情况看，其他中小银行贷款平均非信用贷款占比要高于另外两类银行，这一趋势在 2015 年后体现得尤为明显。具体地，2015 年其他中小银行贷款平均非信用贷款占比达到 93.80%，与之相比，国有大型商业银行和股份制银行平均非信用贷款占比分别为 74.22% 和 83.75%，与其他中小银行的差异分别为 19.58 个百分点和 10.05 个百分点。这一差异在 2016~2018 年仍然存在，但幅度有所减少。相比较而言，国有大型商业银行与股份制银行在平均非信用贷款占比上差异很小。如前文所述，近年来不同类型银行在平均非信用贷款占比上的差异可能源于不同类型银行在风控能力上的不同：其他中小银行在应用金融科技方面比较薄弱，在发放贷款过程中仍然较多地依赖于借款人的信用增级措施，从而导致平均非信用贷款占比要高于国有大型商业银行和股份制银行。

6.4　贷款额度

　　2004~2018 年，上市公司不同类型银行平均贷款额度情况如表 6-6 和图 6-6 所示。

表 6-6　不同类型银行平均贷款额度　　　　单位：%

年度	国有大型商业银行	股份制银行	其他中小银行
2004	5.07	11.36	2.65
2005	3.53	6.62	5.26

续表

年度	国有大型商业银行	股份制银行	其他中小银行
2006	2.94	2.24	1.94
2007	5.01	3.24	4.54
2008	3.80	3.01	2.01
2009	3.71	4.53	2.16
2010	3.52	3.26	2.59
2011	1.53	1.55	2.07
2012	1.50	1.89	2.50
2013	1.47	2.09	2.18
2014	1.11	1.17	1.28
2015	0.93	1.06	1.66
2016	1.48	1.21	1.14
2017	0.85	0.93	0.88
2018	0.72	0.83	0.72

资料来源：笔者整理。

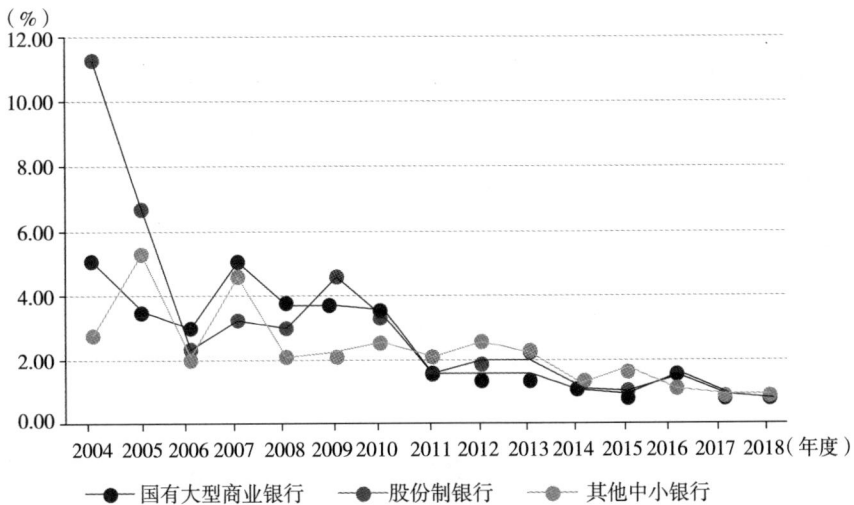

图 6-6　不同类型银行平均贷款额度

资料来源：笔者整理。

从表6-6和图6-6可以看出，与全体样本情形一致，2004年以来，不同类型银行平均贷款额度均呈现明显的下降趋势。其中，国有大型商业银行平均贷款额度从2004年的5.07%下降到2018年的0.72%，下降了4.35个百分点；股份制银行平均贷款额度从2004年的11.36%下降到2018年的0.83%，下降了10.53个百分点；其他中小银行平均贷款额度从2004年的2.65%下降到2018年的0.72%，下降了1.93个百分点。比较可以看出，股份制银行平均贷款额度下降的幅度最为明显，而其他中小银行平均贷款额度下降的幅度最小。

前文将平均贷款额度的下降归结为中小银行数量的增加以及上市公司本身资产规模的增长。从表6-6和图6-6可以看出，不同类型银行平均贷款额度均呈明显的下降趋势。尽管中小银行平均贷款额度的下降仍然可以用中小银行数量的增加来解释，但这种解释并不适用于国有大型银行和股份制银行。因为这两类银行数量总体稳定，并未增加新的机构。因此，国有大型商业银行和股份制银行平均贷款额度的下降更主要是由于借款人的资产规模不断上升所导致。换言之，对于国有大型商业银行和股份制银行，虽然没有增加新的机构，但借款人规模的上升也使两类银行平均贷款规模不断下降。

6.5　本章小结

总体上看，银行类型对上市公司信贷融资条件产生了重要影响，不同类型银行信贷融资条件的差异主要体现在以下三个方面。

第一，国有大型商业银行平均贷款成本在三类银行中总体上最低，股份制银行次之，其他中小银行最高。从贷款利率来看，2004~2018年国有大型商业银行平均贷款利率为5.77%；其次为股份制银行，为5.97%；其他中小银行平均贷款利率最高，为6.03%，分别比国有大型商业银行和股份制银行高0.26个百分点和0.06个百分点。从贷款利差来看，2004~2018年国有大型商业银行平均贷款利差为-0.05%，说明其平均贷款利率要低于基准利率；其次为股份制银行，为0.208%；其他中小银行平均贷款利差最高，为 0.211%，比国有大型商业银行高 0.26 个百分点，与股份制银行非常接近。

第二，各类银行平均贷款期限总体上均呈下降趋势，其他中小银行平均贷款期限下降幅度尤其高，贷款短期化趋势更加明显。

第三，近年来，其他中小银行贷款平均信用增级强度要高于另外两类银行，而国有大型商业银行与股份制银行的差异则并不明显。可能的原因在于，一方面，近年来国有大型商业银行和股份银行在利用先进的金融科技手段提升风控能力方面要优于其他中小银行，从而在发放贷款过程中逐渐降低了对信用增级措施的要求；另一方面，上述差异也可能与客户群体的选择有关。与国有大型商业银行和股份制银行相比，其他中小银行的客户群体所面临的风险可能更高。

不同所有权性质上市公司
信贷融资条件

　　我国的经济体制以公有制为主体，其他多种经济成分并存，国有企业在我国经济社会发展中起到非常重要的作用。从上市公司情况看，国有上市公司在全体上市公司中也占有很高的比例。以本书为例，样本涉及的1505家上市公司中，共有国有上市公司586家，民营上市公司919家，国有上市公司占比38.93%。这一部分里，我们将对国有上市公司和非国有上市公司在信贷融资条件上的差异进行分析。

　　所有权性质之所以会对上市公司信贷融资条件产生影响，主要有以下几方面原因：

　　第一，国有上市公司本身通常资产规模较大，抵抗风险能力较强。国有企业长期以来在我国经济体系中占有重要位置。为提高国有企业竞争力，通过资本市场上市是部分相对优质的国有企业改革的一项重要内容。为满足在资本市场上市的要求，大量国有企业通过并购重组、剥离劣质资产等方式提高业绩。在这种情况下，在资本市场上市的国有企业通常资产规模较大，经营业绩良好，抵抗风险能力较强。与之相比，大多数民营上市公司资产规模较小，与国有上市公司相比在先天上处于劣势。国有上市公司与民营上市公司的这种差异将进一步对信贷融资条件产生影响。

　　第二，预算软约束降低了国有企业的违约风险。与民营企业相比，国有企业普遍存在预算软约束（Kornai，1979；Kornai et al.，2003；林毅夫和李志赟，2004；田利辉，2005）。所谓的预算软约束是指当一个预算约束体的支出超过了它所能获得的收益时，预算约束体没有被清算而破产，而是被支持体救助得以继续存活下去。企业面临的预算约束"软化"的方式包括财政手段（如通过政府预算支出或者税收减免进行救助）、信贷手段（包括对困境公司提供优惠贷款等）、间接手段（如政府可以对陷入困境的公司减少行政限制）等（Kornai et al.，2003）。存在预算软约束的情况下，商业银行向国有上市公司提供贷款时比向民营上市公司提供贷款要面临更低的风险，由此也会对信贷融资条件产生影响。

第三，国有银行体系针对民营上市公司的信贷歧视。我国的金融体系以国有部门为主导。以银行为例，2018 年末国有大型商业银行资产在银行体系中的份额达到 36.67%①。如果考虑由地方政府或国有法人控股的银行，国有银行资产份额会更高。以国有银行为主导的银行体系与国有企业存在天然的联系。如前文所述，很多研究表明，国有银行存在着针对民营企业的"信贷歧视"（Brandt and Li，2007；Ge and Qiu，2007；李广子和刘力，2009）。在这种情况下，即使其他条件相同，国有上市公司与民营上市公司相比在信贷融资条件上也会存在不同。

7.1　贷款成本

7.1.1　贷款利率

2004~2018 年，不同所有权性质的上市公司平均贷款利率情况如表 7-1 和图 7-1 所示。

表 7-1　不同所有权性质上市公司平均贷款利率　　　　单位：%

年度	国企	民企	差异（民企—国企）
2004	5.69	6.09	0.40

---

① 资料来源：根据 Wind 数据库相关数据计算得到。

续表

年度	国企	民企	差异（民企—国企）
2005	5.93	6.10	0.17
2006	5.56	6.19	0.63
2007	6.50	6.57	0.06
2008	6.39	6.44	0.05
2009	5.56	5.54	−0.02
2010	5.65	5.85	0.21
2011	6.51	6.73	0.22
2012	6.45	6.92	0.47
2013	6.26	6.70	0.45
2014	5.86	6.64	0.77
2015	5.12	5.60	0.47
2016	4.76	4.92	0.15
2017	4.71	5.02	0.31
2018	4.83	5.59	0.75

注：表中"国企"代表国有企业，"民企"代表民营企业，余同。

资料来源：笔者整理。

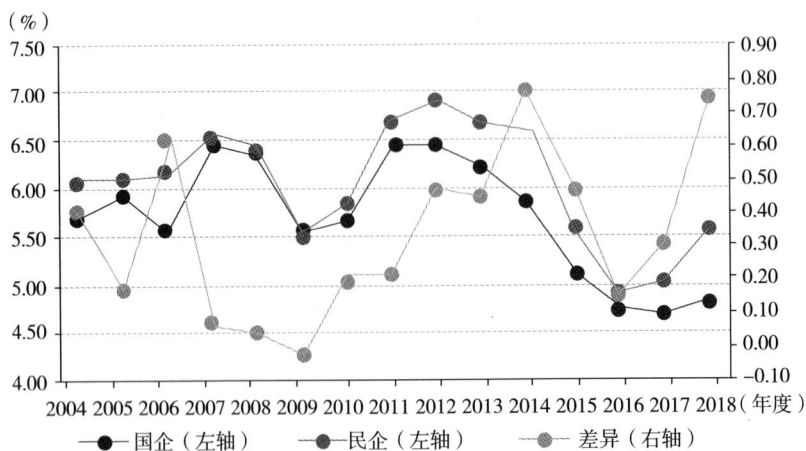

图 7-1　不同所有权性质上市公司平均贷款利率

资料来源：笔者整理。

从表 7-1 和图 7-1 可以看出，国有上市公司和民营上市公司在平均贷款利率上存在系统性差异。

首先，民营上市公司平均贷款利率总体上高于国有上市公司。2004~2018 年，国有上市公司和民营上市公司的平均贷款利率分别为 5.72% 和 6.06%，两者相差 0.34 个百分点。这意味着，样本期间民营上市公司在通过银行贷款进行融资时，与国有上市公司相比平均每年多支付 0.34 个百分点的利息。

其次，民营上市公司平均贷款利率高于国有上市公司是系统性的。2004~2018 年，民营上市公司平均贷款利率在其中的 14 年中高于国有上市公司，其中，差距最大的年份为 2014 年，民营上市公司平均贷款利率比国有上市公司高 0.77 个百分点；差距最小的年份为 2008 年，民营上市公司平均贷款利率比国有上市公司高 0.05 个百分点。与之相比，只有 2009 年出现了民营上市公司平均贷款利率低于国有上市公司的情况，但只低了 0.02 个百分点。因此，无论是从差距的时间跨度还是从差距的数额来说，民营上市公司平均贷款利率高于国有上市公司的情形都是系统性的。

最后，从时间趋势上看，民营上市公司与国有上市公司在平均贷款利率上的差异体现出一定的周期性特征。2007~2012 年，民营上市公司与国有上市公司在平均贷款利率上的差异相对较小，这种差异在 2016 年也比较小。除上述年度之外，民营上市公司与国有上市公司在平均贷款利率上的差距在其他年度都比较明显。值得注意的是，2017 年以来民营上市公司与国有上市公司在平均贷款利率上的这种差距有不断加大的趋势，说明近年来民营上市公司与国有上市公司相比在融资成本上形势有所恶化。其中，2018 年民营上市公司平均贷款利率要比国有上市公司高 0.75 个百分点，在样本期间内仅次于 2014 年。

7.1.2 贷款利差

2004~2018 年，不同所有权性质上市公司平均贷款利差情况如表 7-2 和图 7-2 所示。

表 7-2　不同所有权性质上市公司平均贷款利差　　　　单位：%

年度	国企	民企	差异（民企—国企）
2004	-0.03	0.35	0.38
2005	0.09	0.14	0.05
2006	-0.53	0.01	0.55
2007	-0.61	-0.61	0.00
2008	-0.41	-0.32	0.09
2009	-0.06	0.03	0.08
2010	-0.15	0.08	0.23
2011	0.18	0.33	0.14
2012	-0.01	0.42	0.43
2013	0.08	0.43	0.36
2014	-0.26	0.56	0.82
2015	-0.24	0.36	0.59
2016	0.06	0.29	0.23
2017	0.08	0.38	0.30
2018	0.25	1.12	0.87

注：表中"差异"一栏与"国企""民企"数据之和的差异是由四舍五入造成的，余同。

资料来源：笔者整理。

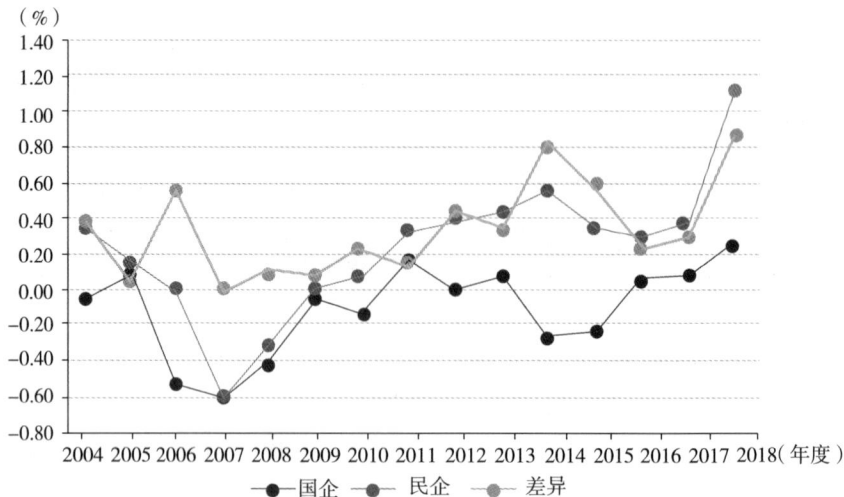

图 7-2　不同所有权性质上市公司平均贷款利差

资料来源：笔者整理。

从表 7-2 和图 7-2 可以看出，不同所有权性质的上市公司在平均贷款利差呈现出以下特征：

首先，民营上市公司的平均贷款利差总体上要高于国有上市公司。2004~2018 年，民营上市公司的平均贷款利差为 0.24%，国有上市公司的平均贷款利差为 -0.10%，前者比后者要高 0.34 个百分点。国有上市公司的平均贷款利差为负值，说明国有上市公司的贷款利率平均要低于基准利率。

其次，民营上市公司与国有上市公司在平均贷款利差上的差异也是系统性的。2004~2018 年，除在 2007 年两者比较接近之外，民营上市公司的平均贷款利差都要高于国有上市公司。其中，差异最大的为 2018 年，达到 0.87 个百分点；其次为 2014 年，为 0.82 个百分点。

最后，从趋势上看，民营上市公司与国有上市公司在平均贷款利差上的差异也呈现出一定的周期性。差异的阶段性高点出现在 2006 年、2014 年和 2018 年，与平均贷款利率反映的趋势基本一致。与前文类似，2016 年以来，民营上市公司和国有上市公司在平均贷款利差上的差异呈现加大的势头，同样表明民营上市公司与国有上市公司相比在贷款融资成本上的劣势近年来有所恶化。

7.2 贷款期限

2004~2018 年，不同所有权性质上市公司平均贷款期限情况如表 7-3 和图 7-3 所示。

表 7-3 不同所有权性质上市公司平均贷款期限　　单位：年

年度	国企	民企	差异（民企—国企）
2004	5.97	4.87	1.10
2005	5.18	5.93	-0.75
2006	5.85	4.56	1.29

续表

年度	国企	民企	差异（民企—国企）
2007	5.12	3.91	1.20
2008	4.61	3.28	1.34
2009	4.56	3.62	0.94
2010	4.36	3.63	0.72
2011	3.83	2.98	0.85
2012	3.98	3.22	0.76
2013	3.64	3.40	0.24
2014	4.57	3.33	1.24
2015	4.86	3.37	1.49
2016	3.46	2.17	1.29
2017	2.61	1.93	0.68
2018	2.44	1.51	0.94

资料来源：笔者整理。

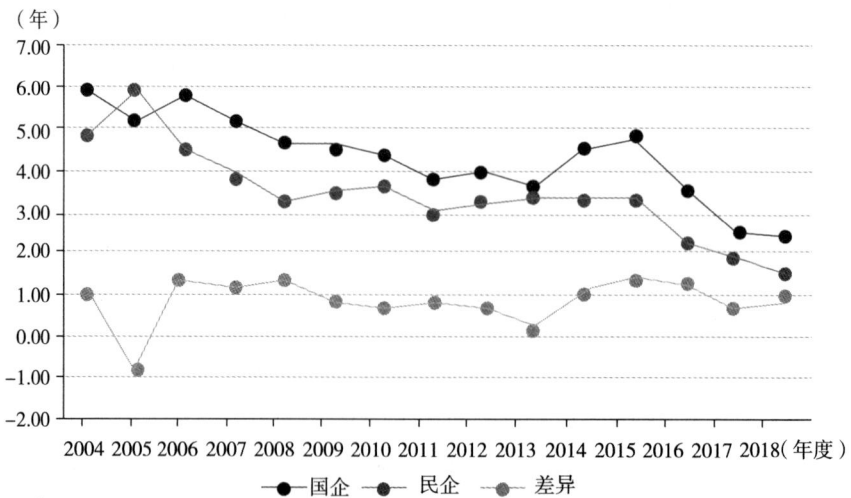

图 7-3　不同所有权性质上市公司平均贷款期限

资料来源：笔者整理。

从表 7-3 和图 7-3 可以看出，不同所有权性质的上市公司在平均贷款期限方面存在一定差异，具体如下：

第一，国有上市公司平均贷款期限要高于民营上市公司。2004~2018年，样本国有上市公司平均贷款期限为4.34年，民营上市公司平均贷款期限为3.45年，两者相差0.89年。说明总体上国有上市公司与民营上市公司相比获得了更长期限的银行贷款，且这种差异在数额上也是非常明显的。

第二，国有上市公司与民营上市公司在平均贷款期限上的这种差异也是系统性的。2004~2018年，国有上市公司平均贷款期限在其中的14年都高于民营上市公司。其中，差异最大的年份为2015年，达到1.49年；民营上市公司平均贷款期限仅在2005年高于国有上市公司，差异为0.75年。

第三，无论是国有上市公司还是民营上市公司，2004年以来，平均贷款期限均呈现出明显的下降趋势，说明不同所有权性质的上市公司都面临较为明显的贷款短期化趋势。

第四，从趋势上看，两类上市公司在平均贷款期限上的差异呈现一定的周期性。2006~2013年，民营上市公司与国有上市公司在平均贷款期限上的差异有所减少，2014~2017年经历了先上升后下降的趋势，2018年又出现了轻微的上升情况。

7.3　信用增级

7.3.1　信用增级强度

2004~2018年，不同所有权性质的上市公司平均信用增级情况如表7-4和图7-4所示。

表7-4　不同所有权性质上市公司平均信用增级强度

年度	国企	民企	差异（民企—国企）
2004	1.75	1.75	0.00
2005	1.90	1.84	-0.06

续表

年度	国企	民企	差异（民企—国企）
2006	1.85	1.90	0.05
2007	1.82	1.90	0.09
2008	1.79	1.86	0.08
2009	1.74	1.93	0.19
2010	1.69	1.94	0.25
2011	1.76	1.92	0.16
2012	1.66	2.02	0.36
2013	1.72	1.99	0.27
2014	1.76	2.02	0.26
2015	1.84	1.89	0.05
2016	1.76	1.89	0.12
2017	1.81	1.76	−0.04
2018	1.78	1.77	−0.02

资料来源：笔者整理。

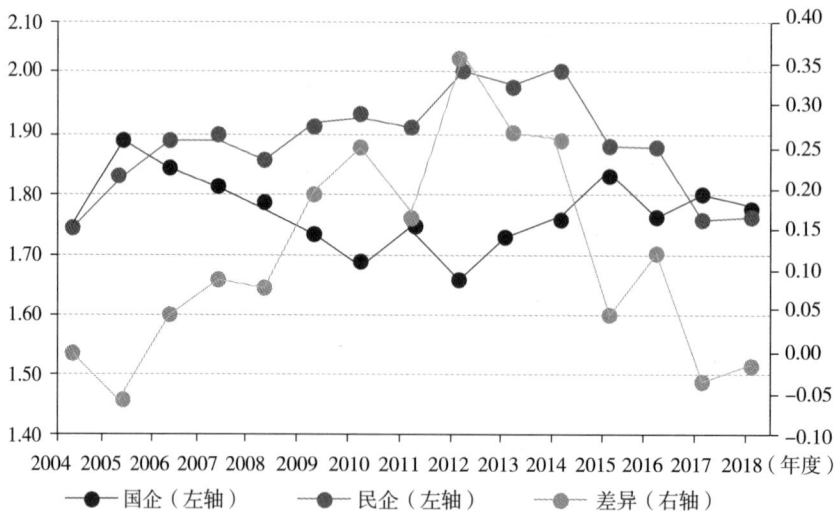

图 7-4　不同所有权性质上市公司平均信用增级强度

资料来源：笔者整理。

　　从表7-4和图7-4可以看出，国有上市公司和民营上市公司在贷款平均信用增级强度方面也存在明显差异。

　　首先，国有上市公司贷款平均信用增级强度总体上要低于民营上市公司。2004~2018年，国有上市公司贷款平均信用增级强度为1.78，民营上市公司贷款平均信用增级强度为1.89，前者比后者低0.11。这说明，商业银行认为向民营上市公司提供贷款的风险要高于国有上市公司，从而要求民营上市公司提供更高强度的信用增级措施。换言之，在信用增级强度方面，与国有上市公司相比，商业银行对民营上市公司的要求更加苛刻。

　　其次，从趋势上看，两类上市公司在贷款平均信用增级强度上的差异呈现一定的周期性。从图7-4可以看出，2004~2006年，民营上市公司贷款平均信用增级强度与国有上市公司的差异并不明显，国有上市公司贷款平均信用增级强度甚至在一定程度上要高于民营上市公司；与之相比，2007~2016年，民营上市公司与国有上市公司在贷款信用增级强度上的差异非常明显，国有上市公司贷款平均信用增级强度在很大程度上要低于民营上市公司，说明商业银行在这一期间对国有上市公司贷款的条件更为宽松。其中，平均信用增级强度上最大的差异出现在2012年，两者的差异达到0.36。2017年以来，民营上市公司和国有上市公司在贷款平均信用增级强度上的差异有所减小，民营上市公司贷款平均信用增级强度甚至一定程度上低于国有上市公司，在一定程度上反映出近年来民营企业融资条件的改善以及金融机构对民营企业支持力度的加大。

7.3.2　非信用贷款占比

　　2004~2018年，不同所有权性质上市公司平均非信用贷款占比情况如表7-5和图7-5所示。

表7-5　不同所有权性质上市公司平均非信用贷款占比　　　　单位：%

年度	国企	民企	差异（民企—国企）
2004	73	75	3
2005	82	84	2

续表

年度	国企	民企	差异（民企—国企）
2006	81	85	4
2007	77	82	5
2008	75	77	2
2009	74	82	8
2010	67	85	18
2011	73	82	8
2012	65	90	25
2013	69	81	12
2014	72	86	15
2015	83	77	−5
2016	70	78	7
2017	73	70	−3
2018	70	69	−1

资料来源：笔者整理。

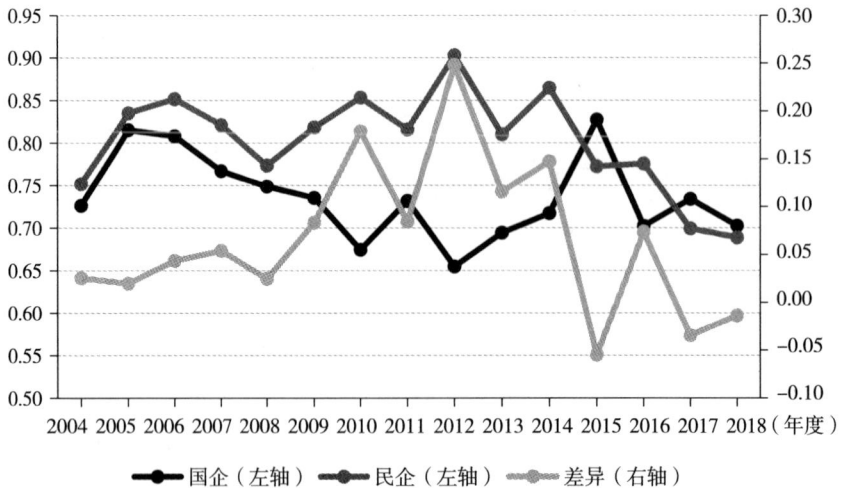

图 7-5　不同所有权性质上市公司平均非信用贷款占比

资料来源：笔者整理。

从非信用贷款占比情况来看，国有上市公司与民营上市公司同样存在一定差异，且总体趋势与信用增级强度指标基本类似。总体上看，国有上市公司非信用贷款占比要低于民营上市公司。2004~2018 年，样本国有上市公司平均非信用贷款占比为 74%；与之相比，样本民营上市公司平均非信用贷款占比为 80%，比国有上市公司高 6 个百分点。从时间趋势上看，2004~2015 年，国有上市公司平均非信用贷款占比要系统性低于民营上市公司。其中，差异最大的年份为 2012 年，样本国有上市公司平均非信用贷款占比比民营上市公司低 25 个百分点，这是一个非常大的差异；从 2016 年开始，民营上市公司平均非信用贷款占比与国有上市公司的差异变得较小，一定程度上反映出 2016 年以来民营上市公司在信用增级方面的情况相对于国有上市公司而言有所改善。

7.4 贷款额度

2004~2018 年，不同所有权性质的上市公司平均贷款额度情况如表 7-6 和图 7-6 所示。

表 7-6　不同所有权性质上市公司平均贷款额度　　　单位：%

年度	国企	民企	差异（民企—国企）
2004	5.30	5.50	0.21
2005	4.26	3.75	−0.50
2006	2.80	2.67	−0.13
2007	2.56	8.97	6.41
2008	2.32	4.65	2.33
2009	2.66	5.08	2.43
2010	2.17	4.51	2.34
2011	1.51	1.75	0.24
2012	1.52	2.00	0.48
2013	1.52	1.99	0.47

续表

年度	国企	民企	差异（民企—国企）
2014	0.99	1.28	0.29
2015	0.75	1.51	0.76
2016	1.10	1.42	0.32
2017	0.69	0.95	0.26
2018	0.70	0.77	0.06

资料来源：笔者整理。

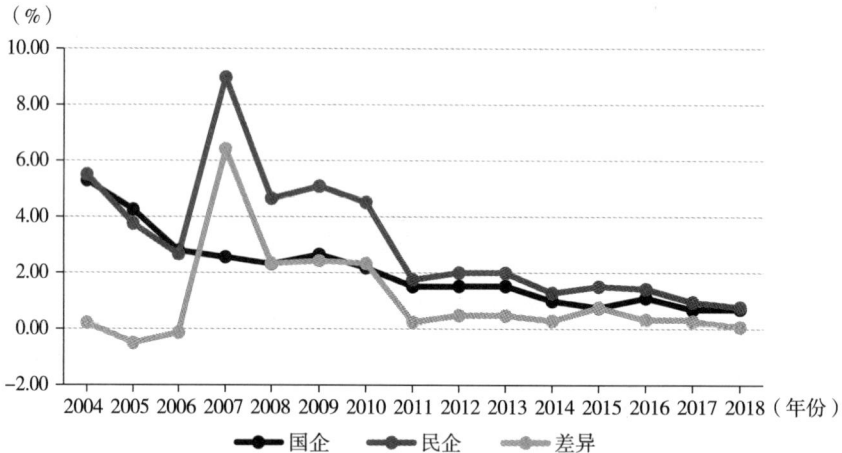

图 7-6 不同所有权性质上市公司平均贷款额度占比

资料来源：笔者整理。

从表 7-6 和图 7-6 可以看出，2004~2018 年，国有上市公司和民营上市公司平均贷款额度分别为 2.06% 和 3.16%，后者比前者高 1.1 个百分点。说明总体上商业银行向民营上市公司发放贷款的金额相对于其资产规模而言要高于国有上市公司。之所以出现这种情况，可能与民营上市公司资产规模总体上要小于国有上市公司有关。与国有上市公司相比，民营上市公司经营规模平均而言偏小，在逐笔贷款金额一定的情况下，贷款金额相对于民营上市公司总资产中的比重就会高于国有上市公司。

从时间趋势上看，国有上市公司与民营上市公司在贷款额度上的差异主要出现在 2007~2010 年。其中，差异最大的年度是在 2007 年，两者的差异达到 6.41 个百分点；其次为 2009 年，两者的差异达到 2.43 个百分点。之所以出现这种情况，也可能是受异常值影响。而在其他年度，民营上市公司与国有上市公司在平均贷款额度上的差异则并不明显。国有上市公司平均贷款额度与民营上市公司的差异自 2011 年以来不断减小，呈现出明显的收敛趋势。特别是 2018 年，民营上市公司在平均贷款额度上仅比国有上市公司高 0.06 个百分点，两者的差异已经非常小。民营上市公司与国有上市公司在平均贷款额度上之所以出现相近趋势，可能是因为民营上市公司的资产规模不断扩大，与国有上市公司在资产规模上的差异逐渐缩小所致。

7.5 本章小结

本章的分析表明，所有权性质是影响上市公司信贷融资条件的重要因素。主要表现在以下几个方面：

第一，民营上市公司的平均贷款成本要高于国有上市公司，且这种差异是系统性的。从贷款利率来看，2004~2018 年，民营上市公司和国有上市公司平均贷款利率分别为 6.06% 和 5.72%，前者比后者要高 0.34 个百分点。从贷款利差来看，2004~2018 年，民营上市公司和国有上市公司平均贷款利差分别为 0.24% 和 -0.10%，前者比后者要高 0.34 个百分点。同时，国有上市公司的平均贷款利差为负值意味着其平均贷款利率要低于基准利率。

第二，国有上市公司平均贷款期限要高于民营上市公司。2004~2018 年，样本国有上市公司平均贷款期限为 4.34 年，民营上市公司平均贷款期限为 3.45 年，前者比后者要高 0.89 年，接近 1 年，意味着总体上国有上市公司与民营上市公司相比获得了更长期限的贷款资金。

第三，国有上市公司贷款平均信用增级强度和非信用贷款占比总体上都要低于民营上市公司。从平均信用增级强度来看，2004~2018 年，国有上市公司贷款平均信用增级强度为 1.78，民营上市公司贷款平均信用增级强度为 1.89，前者比后者低 0.11；从非信用贷款占比来看，2004~2018 年，国有上市公司平均非信用贷款占比为 74%，民营上市公司平均非信用贷款占比为 80%，前者比后者低 6 个百分点。上述结果意味着，与国有上市公司相比，商业银行向民营上市公司提供贷款时要求提供更多的信用增级措施。

第四，国有上市公司平均贷款额度要低于民营上市公司。2004～2018年，国有上市公司和民营上市公司平均贷款额度分别为 2.06% 和 3.16%，后者比前者高 1.1 个百分点。之所以出现这种情况，可能与民营上市公司资产规模总体上要小于国有上市公司有关。

第五，从时间趋势上看，近年来民营上市公司与国有上市公司在信贷融资条件上的差异变动趋势相对模糊。一方面，从贷款成本上看，2017 年以来民营上市公司与国有上市公司在平均贷款利率和平均贷款利差上的差距不断加大，说明民营上市公司的贷款成本相对于国有上市公司变得更高；另一方面，民营上市公司与国有上市公司在贷款期限上的差异自 2016年以来有所下降，在平均信用增级强度和平均非信用贷款占比上的差异自2017 年以来也有所减小，民营上市公司平均信用增级强度和平均非信用贷款占比甚至在一定程度上低于国有上市公司。上述结果表明，近年来民营上市公司在信贷融资条件上相对于国有上市公司的改善主要体现在贷款期限和信用增级等方面，而在贷款成本方面体现得并不明显，反而有所恶化。

不同规模上市公司信贷融资条件

在我国 3700 多家上市公司中，既有资产规模超过万亿元的巨无霸公司，也有资产规模低于 1 亿元的小公司，不同上市公司资产规模差异巨大。在这一章中，我们将分析不同资产规模上市公司在信贷融资条件方面的异质性。中小企业融资难一直是理论界和实务界普遍关心的一个热点问题（林毅夫和李永军，2001；谭之博和赵岳，2012；张晓玫和潘玲，2013；de la Torre et al.，2010；Berger and Black，2011）。尽管大多数上市公司资产规模较高，并不是真正意义上的中小企业，但本书通过对比资产规模相对较小的上市公司与资产规模相对较大的上市公司在信贷融资条件上的差异，也能在一定程度上为理解我国中小企业信贷融资的现状和问题提供参照。

资产规模之所以对上市公司信贷融资条件产生影响，主要有以下几方面原因：

第一，资产规模大小对上市公司偿债能力产生了重要影响。通常来说，资产规模越小，企业抵抗风险能力就会越弱，违约风险就会越高。例如，在经典的用于反映企业财务风险的 Altman Z 值指标中，资产规模就是最重要的变量之一（Altman，1968；Altman et al.，2014）。因此，借款人资产规模越小，商业银行向其发放贷款所承担的风险也会越高，相应地在信贷融资条件的设置上会更加苛刻。

第二，中小企业通常信息更加不透明，缺乏有效的抵押品。除资产规模本身代表着不同的风险抵抗能力之外，与大企业相比，中小企业本身普遍信息透明度不高，缺乏充分的信息披露和财务报表信息，同时缺乏有效的抵押品。其结果导致商业银行与中小企业之间的信息不对称程度会更加严重，信息不透明和信息不对称也是中小企业融资难的一个基本原因（张捷，2002；Beck and Demirguc-kunt，2006）。在这种情况下，商业银行需要针对不同资产规模的借款人设置差异化的信贷融资条件。

第三，不同资产规模的银行与不同资产规模企业之间的匹配性。如第6章所述，已有研究表明，不同规模的银行可能会偏好不同规模的企业。一方面，主流观点认为，与大银行相比，中小银行在向中小企业发放贷款方面更有优势。原因在于，从银行的角度来看，较多的层级使"软信息"在大银行中很难得到有效传递，进而使大银行更多地依赖财务报表信息、抵押资产价值等"硬信息"进行决策（Stein，2002；Berger and Udell，2002）；相比而言，中小银行层级少，企业主的个人品德、员工的工作满意度等"软信息"能够在中小银行内部进行有效传递（Berger and Udell，2002，2006），且中小银行多为地方性金融机构，能够在和中小企业的长期合作中获取较多的"软信息"。因此，中小银行与中小企业具有天然的匹配性（Berger et al.，2001，2005；Cole et al.，2004；Craig and Hardee，2007；林毅夫和李永军，2001）。另一方面，反对观点认为，大银行与中小银行相比在服务中小企业融资方面具有特定优势，比如资金优势、信息技术优势、网点优势等（Frame et al.，2001），且大银行同样能够利用"软信息"发放贷款（Uchida et al.，2012；de la Torre et al.，2010；Berger and Black，2011）。尽管存在一定争议，但上述研究结果表明，不同资产规模银行与不同资产规模企业之间的匹配性可能会对上市公司信贷融资条件产生影响。

具体地，我们依据上市公司每年期末的资产规模大小将其平均分为三组：小公司（资产规模处于最低的1/3组）、中等公司（资产规模处于中间的1/3组）、大公司（资产规模处于最高的1/3组），在此基础上从贷款成本、贷款期限、信用增级、贷款额度等方面对不同组上市公司的信贷融资条件进行比较。

8.1　贷款成本

8.1.1　贷款利率

不同规模上市公司平均贷款利率情况如表8-1和图8-1所示。

表8-1　不同规模上市公司平均贷款利率　　　　单位：%

年度	小公司	中等公司	大公司
2004	5.73	5.95	5.74
2005	5.87	6.16	5.98
2006	5.96	6.18	5.56
2007	6.53	6.73	6.29
2008	6.51	6.58	6.17
2009	5.59	5.58	5.47
2010	5.74	5.81	5.70
2011	6.62	6.73	6.49
2012	6.71	6.70	6.65
2013	6.52	6.51	6.43
2014	6.48	6.19	6.41
2015	5.54	5.18	5.30
2016	4.52	4.96	5.06
2017	4.88	4.95	4.92
2018	5.49	5.33	5.18

资料来源：笔者整理。

从表8-1和图8-1可以看出，资产规模对上市公司信贷融资条件产生了一定影响。主要体现在以下几个方面：

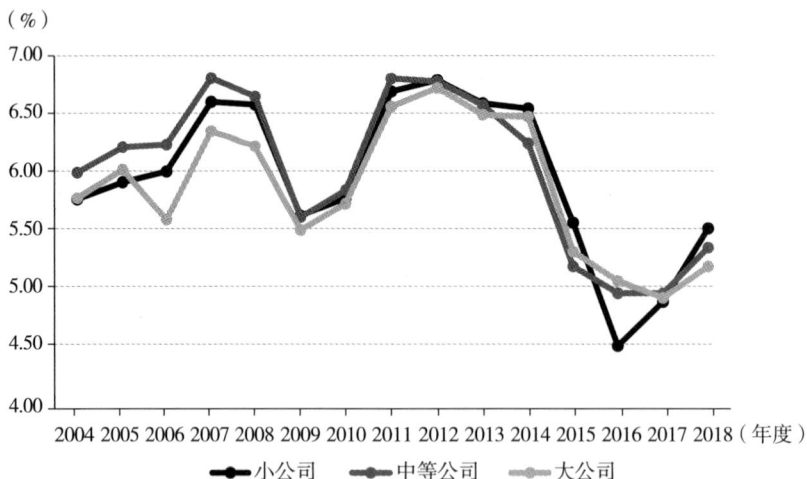

图 8-1 不同规模上市公司平均贷款利率

资料来源：笔者整理。

首先，上市公司资产规模越大，平均贷款利率越低，但这种关系并非完全线性的。2004~2018 年，样本小公司、中等公司、大公司的平均贷款利率分别为 5.91%、5.97%、5.82%。相对而言，大公司平均贷款利率最低，分别比小公司和中等公司低 0.09 个百分点和 0.15 个百分点，中等公司的平均贷款利率最高。可以看出，平均贷款利率与上市公司资产规模之间并非存在简单的线性关系，而是存在一定的倒 "U" 形关系。一个可能的解释是，那些资产规模最高的上市公司由于自身风险较低，平均贷款利率因此也比较低。那些资产规模最低的上市公司尽管自身风险较高，但在国家相关政策的鼓励和支持下，金融机构仍愿意以相对较低的价格向其提供贷款。比如，定向降准政策、融资中的财政贴息政策、税收优惠、差异化监管政策、融资风险分担政策等，这些政策在一定程度上降低了金融机构向小规模上市公司提供贷款所承担的风险。相比较而言，那些资产规模处于中等的上市公司，一方面，与大公司相比其本身信用风险相对较高；另一方面，由于其资产规模高于一定门槛，因此无法像小公司那样享受政策扶持，因此其承担的融资成本要高于其他两类公司。

其次，从时间趋势上看，不同资产规模上市公司平均贷款利率走势基本一致，但 2016 年以来小公司在平均贷款利率上的上升幅度更为明显。从图

8-1 可以看出，在 2011 年达到阶段性高点之后，不同资产规模上市公司平均贷款利率均出现了明显的下滑直至 2016 年；从 2016 年开始，各类上市公司平均贷款利率又都出现了上升。从不同资产规模上市公司来看，2016~2018 年，小公司平均贷款利率从 4.52% 上升到 5.49%，上升了 0.97 个百分点；与之相比，中等公司从 4.96% 上升到 5.33%，上升了 0.37 个百分点；而大公司从 5.06% 上升到 5.18%，上升了 0.12 个百分点。可以看出，2016 年以来小公司平均贷款利率上升最为明显，中等公司次之，大公司上升幅度最小。上述结果表明，相对于资产规模较大的公司，2016 年以来小公司在贷款融资成本上情况有所恶化，承担了相对更高的融资成本。

8.1.2 贷款利差

不同规模上市公司平均贷款利差情况如表 8-2 和图 8-2 所示。

表 8-2　不同规模上市公司平均贷款利差　　　单位：%

年度	小公司	中等公司	大公司
2004	0.01	0.32	-0.10
2005	0.13	0.24	0.04
2006	-0.18	0.01	-0.52
2007	-0.53	-0.38	-0.94
2008	-0.19	-0.21	-0.66
2009	0.04	0.01	-0.12
2010	-0.01	0.02	-0.14
2011	0.27	0.34	0.14
2012	0.25	0.20	0.16
2013	0.25	0.27	0.25
2014	0.40	0.16	0.26
2015	0.22	0.09	-0.16
2016	0.02	0.36	0.25
2017	0.45	0.34	0.17
2018	0.77	0.89	0.87

资料来源：笔者整理。

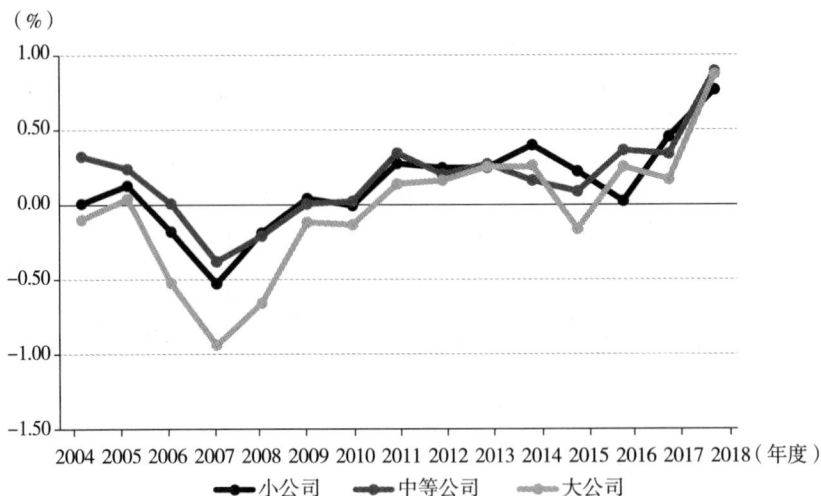

图 8-2 不同规模上市公司平均贷款利差

资料来源：笔者整理。

从表 8-2 和图 8-2 可以看出，剔除贷款基准利率因素之后，平均贷款利差所反映的情况与平均贷款利率基本类似。

首先，从整个样本期间来看，2004~2018 年，样本小公司、中等公司、大公司的平均贷款利差分别为 0.13%、0.18%、-0.03%。其中，大公司平均贷款利差为负意味着样本期间商业银行对大公司提供贷款的平均利率要低于基准利率。可以看出，上市公司资产规模与平均贷款利差之间的关系是非线性的，同样呈现出不对称的倒 "U" 形关系：大公司最低，小公司次之，中等公司最高。其中，中等公司平均贷款利差分别比小公司和大公司高 0.05 个和 0.21 个百分点，其潜在的原因如前文所述。

其次，从时间趋势上看，样本期间各类上市公司平均贷款利差经历了 "先下降后上升" 的趋势，且 2016 年以来小公司平均贷款利差的上升幅度最为明显。从近几年情况看，各类上市公司平均贷款利差从 2016 年开始均出现了明显的上升趋势，但不同规模上市公司平均贷款利差上升幅度存在一定差异。具体地，2016~2018 年，小公司平均贷款利差从 0.02% 上升到 0.77%，上升了 0.75 个百分点；中等公司平均贷款利差从 0.36% 上升到 0.89%，上升了 0.53 个百分点；大公司平均贷款利差从 0.25% 上升到 0.87%，上升了 0.62 个百分点。比较可以看出，2016 年以来小公司平均

贷款利差上升的幅度最为明显,上升幅度分别比中等公司和大公司高 0.22
个和 0.13 个百分点,说明近年来小公司相对于其他两类公司在平均贷款利
差方面情况有所恶化。这一结果与前文基于平均贷款利率的结果具有一
致性。

8.2 贷款期限

不同规模上市公司平均贷款期限情况如表 8-3 和图 8-3 所示。

表 8-3 不同规模上市公司平均贷款期限　　　　　单位:年

年度	小公司	中等公司	大公司
2004	5.74	3.62	8.59
2005	4.06	6.20	5.98
2006	4.55	5.31	5.55
2007	3.64	4.80	5.64
2008	2.56	4.18	5.18
2009	3.57	4.28	4.69
2010	3.17	4.39	4.44
2011	2.79	3.35	4.10
2012	2.95	3.62	4.21
2013	3.32	3.62	3.62
2014	3.45	3.81	4.24
2015	3.28	5.19	4.07
2016	1.76	1.75	4.14
2017	1.44	1.43	3.40
2018	1.64	1.21	2.40

资料来源:笔者整理。

从表 8-3 和图 8-3 可以看出,2004~2018 年,不同资产规模上市公司

（年）

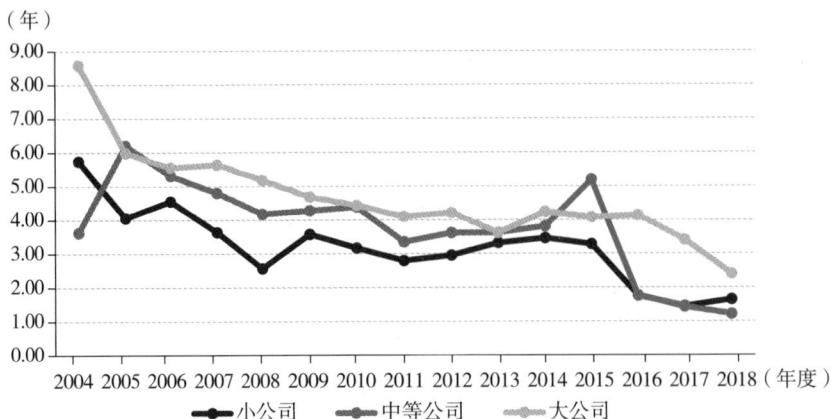

图 8-3 不同规模上市公司平均贷款期限

资料来源：笔者整理。

平均贷款期限总体上都表现出明显的短期化趋势，与全样本情形一致。

首先，从不同资产规模公司平均贷款期限的差异来看，2004~2018年，样本小公司、中等公司、大公司的平均贷款期限分别为 3.20 年、3.78年、4.68年，借款人资产规模与贷款期限之间存在明显的线性关系：借款人资产规模越高，平均贷款期限越长。从数值上看，样本期间商业银行向大公司发放贷款的平均期限比中等公司和小公司分别高 0.90 年和 1.48 年，这表明商业银行愿意向大公司发放期限更长的贷款。期限越长意味着商业银行对借款人的支持力度越大，上述结果表明，商业银行在贷款期限上对小公司还存在一定的歧视。

其次，从趋势上看，2004~2018年，大公司与小公司在平均贷款期限上的差异呈现震荡下行的趋势。样本期间的差异最高值出现在 2004 年，达到 2.85 年；最低值出现在 2013 年，为 0.30 年。值得注意的是，2016 年以来，大公司与小公司在平均贷款期限上的差异逐步缩小，2016~2018 年的差异分别为 2.38 年、1.96 年、0.76 年，下降幅度明显。这在一定程度上说明，小公司相对于大公司在贷款期限上的劣势有所减轻，小公司的融资条件在贷款期限上相对有所改善。

8.3 信用增级

8.3.1 信用增级强度

2004~2018 年不同规模上市公司平均信用增级强度情况如表 8-4 和图 8-4 所示。

表 8-4 不同规模上市公司平均信用增级强度

年度	小公司	中等公司	大公司
2004	1.75	1.82	1.68
2005	1.88	1.98	1.71
2006	1.87	1.86	1.89
2007	1.83	1.95	1.80
2008	1.85	1.90	1.68
2009	1.88	1.88	1.62
2010	1.90	1.83	1.68
2011	1.89	1.85	1.75
2012	1.85	1.94	1.72
2013	1.99	1.85	1.68
2014	2.03	1.87	1.87
2015	1.69	1.92	1.98
2016	1.89	1.83	1.84
2017	1.80	1.90	1.59
2018	1.78	1.95	1.48

资料来源：笔者整理。

从表 8-4 和图 8-4 可以看出，2004~2018 年，小公司和中等公司在贷

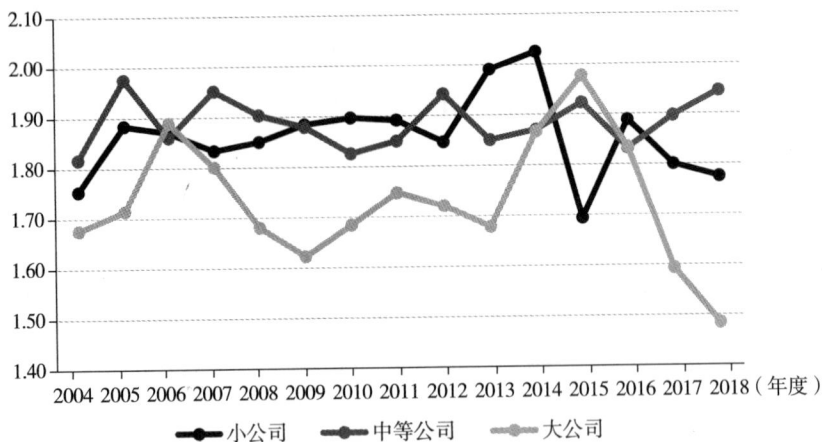

图 8-4　不同规模上市公司平均信用增级强度

资料来源：笔者整理。

款平均信用增级强度上基本保持平稳，而 2015 年以来大公司在贷款平均信用增级强度上呈现出明显的下降趋势，这意味着商业银行向大公司提供贷款时对信用增级措施的要求有所降低。从小公司与大公司的差异来看，2015~2018 年，小公司与大公司在贷款平均信用增级强度上的差异分别为 -0.29、0.05、0.21、0.30，呈现明显的上升趋势，这意味着与大公司相比，商业银行向小公司提供贷款所需要的信用增级强度近年来进一步提升。

比较不同资产规模公司在信用增级强度上的差异可以看出，2004~2018 年，小公司、中等公司、大公司的贷款平均信用增级强度分别为 1.86、1.89、1.73。资产规模与平均贷款信用增级强度之间也存在不对称的倒 "U" 形关系：大公司贷款平均信用增级强度最低，小公司次之，中等公司最高，分别比小公司和大公司高 0.03 和 0.16。可以看出，中等公司平均贷款信用增级强度与小公司的差异并不明显，但要明显高于大公司。之所以出现这种情况，原因可能与前文对贷款融资成本的分析类似：商业银行向大公司提供贷款时要求提供的信用增级强度较低主要是因为其风险较低，而对小公司提供贷款时要求提供的信用增级强度较低可能与对小规模企业的相关支持政策有关。支持政策的存在一定程度上降低了小公司的风险，从而商业银行在提供贷款时可以适当降低信用增级要求。不过，小公司与中等公司在信用增级强度上的差异总体上非常小，但两类公司平均贷款信用增级强度都要明显高于大公司。

8.3.2 非信用贷款占比

不同规模上市公司平均非信用贷款占比情况如表8-5和图8-5所示。

表8-5 不同规模上市公司平均非信用贷款占比　　　　单位：%

年度	小公司	中等公司	大公司
2004	73.02	79.27	66.21
2005	83.14	92.55	61.65
2006	82.25	81.01	84.57
2007	80.00	86.35	71.88
2008	77.26	82.89	65.51
2009	83.05	81.40	60.78
2010	79.93	80.17	66.89
2011	80.22	80.50	69.12
2012	82.17	84.79	65.26
2013	79.44	76.46	67.83
2014	83.61	79.17	80.00
2015	62.23	83.92	95.67
2016	76.03	73.62	77.19
2017	72.94	80.28	56.95
2018	74.04	78.71	46.94

资料来源：笔者整理。

从表8-5和图8-5可以看出，非信用贷款占比指标所反映出来的趋势与信用增级强度指标反映的趋势略有差异。2004～2018年，小公司和中等公司平均非信用贷款占比均呈现出一定的下降趋势，说明商业银行在向小公司和中等公司发放贷款过程中采取信用贷款方式逐步增多，降低对非信用贷款方式的比重。与小公司和中等公司相比，2015年以来大公司非信用

（%）

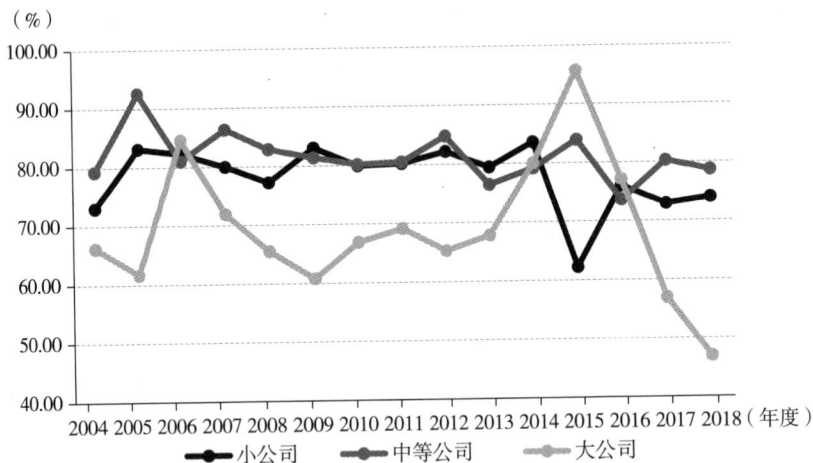

图 8-5　不同规模上市公司平均非信用贷款占比

资料来源：笔者整理。

贷款占比下降明显，从 2015 年的阶段性高点 95.67% 下降至 2018 年的 46.94%，后者仅相当于前者的一半，说明商业银行在向大公司提供贷款时，采取非信用方式的贷款占比还不到全部贷款的一半，大多数贷款采取信用贷款方式。从小公司与大公司的差异来看，2015~2018 年，小公司与大公司在平均非信用贷款占比上的差异分别为 -0.33、-0.01、0.16、0.27，同样呈现出明显的上升趋势。这意味着与大公司相比，商业银行向小公司提供贷款时在非信用贷款占比方面近年来也不断提升。

比较不同规模上市公司平均非信用贷款占比的差异可以看出，2004~2018 年，小公司、中等公司、大公司的平均非信用贷款占比分别为 78%、81%、69%。上市公司资产规模与非信用贷款占比也存在不对称的倒 "U" 形关系：中等公司平均非信用贷款占比最高，小公司次之，大公司最低。其中，中等公司平均非信用贷款占比分别比小公司和大公司高 3 个和 12 个百分点。可以看出，小公司与中等公司在非信用贷款占比方面非常接近，两类公司在这一指标上均明显高于大公司。说明与规模相对较小的上市公司相比，商业银行在向大公司提供贷款时，会更多地采取信用贷款方式。

8.4 贷款额度

不同规模上市公司平均贷款额度情况如表 8-6 和图 8-6 所示。

表 8-6 不同规模上市公司平均贷款额度　　　单位：%

年度	小公司	中等公司	大公司
2004	7.63	3.30	5.12
2005	5.45	4.21	2.71
2006	4.33	2.42	1.66
2007	9.16	3.01	1.98
2008	6.11	2.47	1.65
2009	6.50	2.14	2.28
2010	5.94	2.34	1.71
2011	2.42	1.36	1.10
2012	2.58	1.59	1.12
2013	2.36	1.66	1.25
2014	1.71	0.91	0.86
2015	1.56	1.07	0.65
2016	2.11	1.00	0.85
2017	1.29	0.76	0.59
2018	1.10	0.61	0.53

资料来源：笔者整理。

从表 8-6 和图 8-6 可以看出，2004~2018 年，随着资产规模的扩张，不同资产规模上市公司平均贷款额度均呈下降趋势，与全样本情形一致。从不同资产规模上市公司来看，2004~2018 年，小公司、中等公司和大公司的平均贷款额度分别为 4.02%、1.92%、1.60%。受资产规模影响，商业银行对小公司贷款在其总资产中占比明显高于其他两类公司。

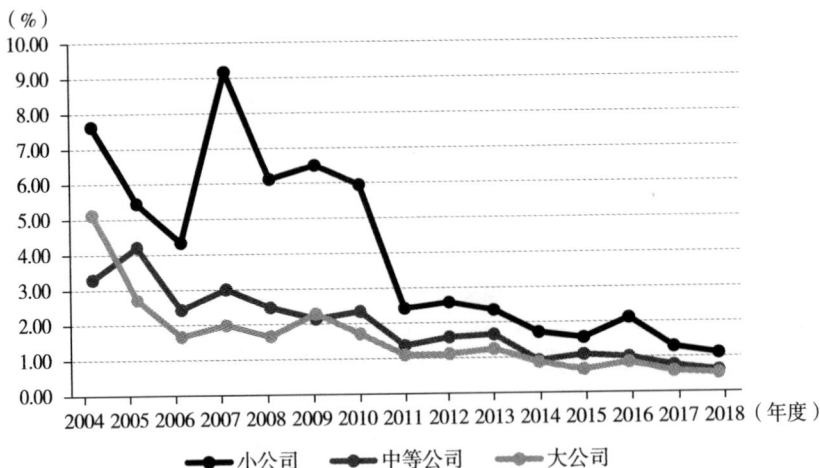

图 8-6　不同规模上市公司平均贷款额度

资料来源：笔者整理。

8.5　本章小结

　　本章的分析总体表明，不同规模上市公司的信贷融资条件存在系统性差异，主要呈现出以下几方面特点：

　　第一，资产规模与上市公司贷款成本之间并不存在简单的线性关系，而是存在一定的倒"U"形关系，中等公司平均贷款成本最高，小公司次之，大公司最低，无论是从贷款利率还是贷款利差来看均是如此。具体来看，2004~2018 年，样本小公司、中等公司、大公司平均贷款利率分别为 5.91%、5.97%、5.82%，平均贷款利差分别为 0.13%、0.18%、-0.03%。大公司平均贷款利差为负意味着，样本期间商业银行对大公司提供贷款的平均利率要低于基准利率。对于这种倒"U"形关系的一个可能解释是，大公司由于自身风险较低，平均贷款成本因此也比较低；与之相比，小公司尽管自身风险较高，但可能会受到相关政策的支持从而能够以较低的成本获取贷款。

第二，资产规模与上市公司平均贷款期限之间存在明显的线性关系，资产规模越大，平均贷款期限越长；资产规模越小，平均贷款期限越短。2004~2018 年，样本小公司、中等公司、大公司的平均贷款期限分别为 3. 20 年、3. 78 年、4. 68 年，大公司平均贷款期限分别比中等公司和小公司高 0. 90 年和 1. 48 年，反映出商业银行更愿意向大公司提供期限较长的贷款资金。

第三，资产规模与上市公司贷款信用增级措施之间也不存在简单的线性关系，而是存在不对称的倒"U"形关系，中等公司平均信用增级强度和非信用贷款占比最高；小公司次之，大公司最低。具体来看，2004~2018 年，小公司、中等公司、大公司贷款平均信用增级强度分别为 1. 86、1. 89、1. 73，平均非信用贷款占比分别为 78%、81%、69%。可能的原因在于：大公司贷款信用增级措施较低主要是因为其风险较低，而小公司贷款信用增级措施较低可能与小公司能够享受一定的支持政策有关。

第四，从时间趋势上看，近年来小公司相对于大公司在信贷融资条件上的差异变动趋势比较模糊。一方面，2016 年以来小公司平均贷款利率和平均贷款利差相对于中等公司和大公司的上升幅度更大，2015 年以来小公司平均信用增级强度和非信用贷款占比相对于大公司的上升幅度更高，说明近年来小公司在贷款融资成本和信用增级措施等方面相对于大公司来说有所恶化；另一方面，2016 年以来小公司与大公司在贷款期限上的差异总体上有所下降，一定程度上反映出小公司信贷融资条件的改善。这一结果表明，近年来小公司在信贷融资条件上相对于大公司的改善主要体现在贷款期限方面，而在贷款成本和信用增级措施等方面体现得并不明显，反而有所恶化。

不同市场上市公司信贷融资条件

经过近 30 年的发展，我国已经初步建立了涵盖主板市场、中小企业板市场、创业板市场、三板市场、科创板市场等在内的多层次资本市场。本书样本上市公司涉及主板市场（以下简称主板）、中小企业板市场（以下简称中小板）和创业板市场（以下简称创业板）三类市场。其中，主板对发行人的营业期限、股本大小、盈利水平、最低市值等方面的要求标准较高，上市企业多为大型成熟企业，具有较人的资本规模以及稳定的盈利能力。我国的主板市场始于 1990 年成立的上海证券交易所和 1991 年正式成立的深圳证券交易所。中小板是深圳证券交易所为了鼓励自主创新而专门设置的中小型公司聚集板块，该板块内上市公司普遍具有收入增长快、盈利能力强、科技含量高的特点，而且股票流动性好，交易活跃。2004 年 5 月，经国务院批准，深圳证券交易所在主板市场内设立中小企业板块。在本文中创业板市场（Growth Enterprises Market，GEM）特指深圳创业板，在上市门槛、监管制度、信息披露、交易者条件、投资风险等方面和主板有较大区别，主要目的在于扶持中小企业，尤其是高成长性企业，为风险投资和创投企业建立正常的退出机制。2009 年 3 月 31 日，中国证监会正式发布《首次公开发行股票并在创业板上市管理暂行办法》，该办法自 2009 年 5 月 1 日起实施。本书样本涉及的 1505 家上市公司中，在主板、中小板、创业板上市的公司分别有 918 家、416 家、171 家，分别占比 61%、28%、11%。考虑到不同市场的差异，在这一章中笔者将对不同市场上市公司信贷融资条件进行分析。

不同市场上市公司在信贷融资条件上之所以存在差异，主要原因包括以下几方面：

一是不同市场上市公司资质方面的差异。如前文所述，主板对发行人的资质要求标准较高，主板上市公司通常具有资产规模大、经营相对成熟、现金流稳定等特点；中小板上市公司通常有较高的成长性，具有收入增长快、盈利能力强、科技含量高等特点；创业板上市公司主要是具有高成长性的创业企业。不同资质的上市公司具有不同的风险特征，进而会对信贷融资条件产生影响。

二是不同市场上市公司金融需求的差异。前文已述及，与主板和中小板相比，创业板上市公司通常具有较高的成长性，总体风险较高。在这种情况下，创业板上市公司在融资方式的选择上可能会更加依赖权益融资，如风险投资、私募基金投资等，对银行贷款的依赖程度相对较小。金融需求的这种差异也会对信贷融资条件产生影响。

三是政府支持政策的差异。长期以来，具有较高成长性的创新型中小企业一直是政府有关政策的支持重点，政府出台了多种政策支持此类企业发展，包括财税政策、货币政策、信贷政策、产业政策等。具有这种特征的上市公司较多地集中在中小板和创业板上。政府支持政策会对上市公司的风险特征和还款能力产生影响，进而影响上市公司的信贷融资条件。

9.1　贷款成本

9.1.1　贷款利率

不同市场上市公司平均贷款利率情况如表 9-1 和图 9-1 所示。

表 9-1　不同市场上市公司平均贷款利率　　　　　单位：%

年度	主板	中小板	创业板
2004	5.76	5.94	—

年度	主板	中小板	创业板
2005	5.98	5.86	—
2006	5.90	5.62	—
2007	6.57	6.21	—
2008	6.46	6.23	—
2009	5.62	5.32	5.65
2010	5.77	5.68	5.69
2011	6.65	6.46	6.73
2012	6.75	6.43	7.04
2013	6.49	6.50	6.40
2014	6.21	6.70	6.69
2015	5.31	5.06	5.75
2016	4.97	4.64	4.88
2017	4.98	4.63	5.24
2018	5.20	5.16	5.88

资料来源：笔者整理。

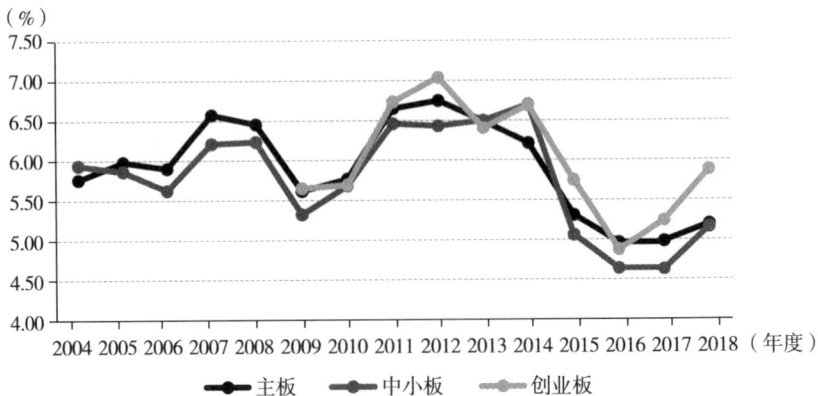

图9-1 不同市场上市公司平均贷款利率

资料来源：笔者整理。

从表9-1和图9-1中可以看出，2004~2018年，主板、中小板、创业板上市公司平均贷款利率分别为5.91%、5.76%、6.00%。可以看出，创业板上市公司平均贷款利率最高，主板次之，中小板最低。创业板上市公司平均贷款利率比主板和中小板上市公司分别高 0.09 个和 0.24 个百分点。

从时间趋势上看，不同市场上市公司平均贷款利率走势基本一致。自 2012 年以来，平均贷款利率出现了明显的下滑，直至 2016 后平均贷款利率又出现上升。2016~2018 年，创业板上市公司平均贷款利率上升幅度更为明显，从 4.88% 上升到 5.88%，上升了 1 个百分点；而主板上市公司平均贷款利率上升幅度则比较小，从 4.97% 上升到 5.20%，仅上升了 0.23 个百分点。上述结果表明，与主板和中小板相比，2016 年以来创业板上市公司在融资成本方面所面临的融资条件有所恶化。

9.1.2 贷款利差

不同市场上市公司平均贷款利差情况如表 9-2 和图 9-2 所示。

表 9-2 不同市场上市公司平均贷款利差　　　　　　单位：%

年度	主板	中小板	创业板
2004	0.06	0.16	—
2005	0.10	−0.03	—
2006	−0.24	−0.49	—
2007	−0.58	−0.85	—
2008	−0.36	−0.43	—
2009	0.01	−0.15	−0.15
2010	−0.05	−0.02	−0.18
2011	0.29	0.12	0.37
2012	0.27	−0.06	0.54
2013	0.29	0.20	0.15
2014	0.12	0.62	0.58
2015	0.00	−0.26	0.48
2016	0.25	0.09	0.31
2017	0.27	0.18	0.52
2018	0.59	0.71	1.47

资料来源：笔者整理。

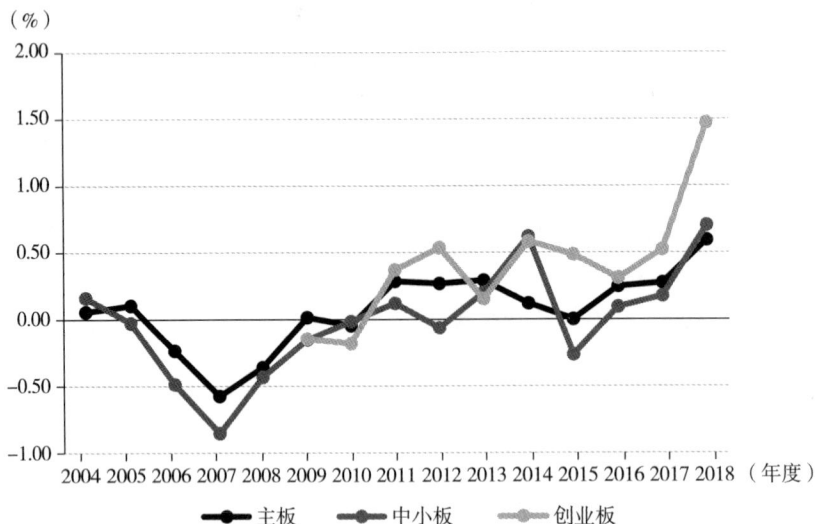

图 9-2 不同市场上市公司平均贷款利差

资料来源：笔者整理。

从表 9-2 和图 9-2 中可以看出，2004~2018 年，主板、中小板、创业板上市公司平均贷款利差分别为 0.07%、-0.01%、0.41%。可以看出，创业板上市公司平均贷款利差最高，主板次之，中小板最低。其中，创业板上市公司平均贷款利差比主板和中小板上市公司分别高 0.34 个和 0.42 个百分点，与平均贷款利率反映的情形相比差异更为明显。

从时间趋势上看，2004~2018 年，不同市场上市公司平均贷款利差均经历了先下降后上升的趋势。2004~2007 年，不同市场上市公司平均贷款利率出现了明显的下降，从 2007 年开始又出现了明显的上升。特别是从 2016 年开始，不同市场的上市公司平均贷款利差均出现了显著上升。2016~2018 年，主板上市公司平均贷款利差从 0.25%上升到 0.59%，上升了 0.34 个百分点；中小板上市公司平均贷款利差从 0.09%上升到 0.71%，上升了 0.62 个百分点；创业板上市公司平均贷款利差从 0.31%上升到 1.47%，上升了 1.16 个百分点。可以看出，创业板上市公司平均贷款利差上升的幅度最为明显，远高于其他两类市场的上市公司，与平均贷款利率反映的趋势基本一致。

9.2 贷款期限

不同市场上市公司平均贷款期限情况如表9-3和图9-3所示。

表9-3 不同市场上市公司平均贷款期限 单位：年

年度	主板	中小板	创业板
2004	5.38	5.10	—
2005	5.16	4.89	—
2006	5.10	5.40	—
2007	4.88	3.73	—
2008	4.55	2.48	—
2009	4.59	2.76	6.40
2010	4.39	2.84	3.84
2011	3.67	2.64	3.25
2012	3.74	3.23	3.05
2013	3.63	3.24	3.30
2014	4.07	3.08	3.30
2015	4.59	3.17	3.16
2016	3.34	1.94	1.50
2017	2.93	1.41	1.26
2018	2.06	1.40	1.30

资料来源：笔者整理。

从表9-3和图9-3可以看出，2004~2018年，不同市场上市公司平均贷款期限总体上均呈现出下降趋势，与全样本情形一致。特别是从2015年以来，平均贷款期限的下降趋势尤为明显。从不同市场差异来看，2015~2018年，主板上市公司平均贷款期限从4.59年下降到2.06年，下降幅度

（年）

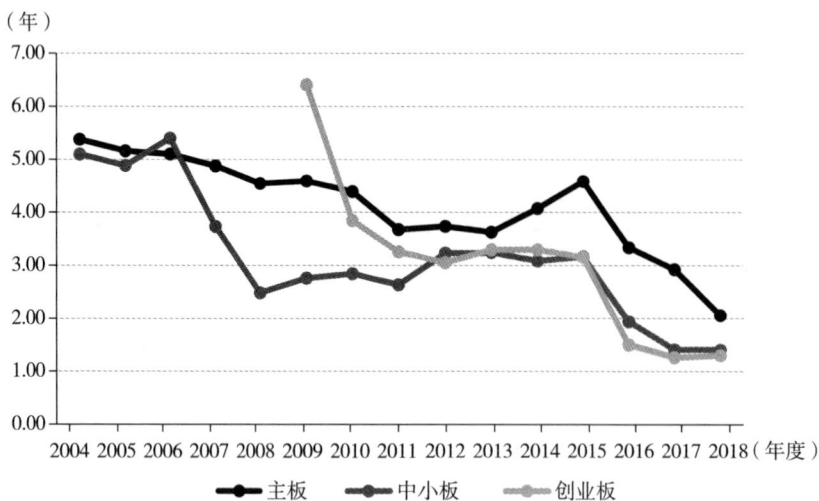

图 9-3 不同市场上市公司平均贷款期限

资料来源：笔者整理。

达到 55%；中小板上市公司平均贷款期限从 3.17 年下降至 1.40 年，下降幅度为 56%；创业板上市公司平均贷款期限从 3.16 年下降至 1.30 年，下降幅度为 59%。比较可以看出，2015 年以来，从下降数额来看，主板上市公司平均贷款期限下降最为明显；而从下降幅度来看，则是创业板上市公司下降最为明显。

另外，从表 9-3 和图 9-3 还可以看出，2004～2018 年，主板、中小板、创业板上市公司平均贷款期限分别为 4.14 年、3.15 年、3.04 年。可以看出，不同市场上市公司平均贷款期限差异明显：主板上市公司平均贷款期限最长，中小板次之，创业板最短。其中，主板上市公司平均贷款期限比中小板和创业板上市公司分别高 0.99 年和 1.10 年。从这个角度看，商业银行对主板上市公司的支持力度最大，而对创业板上市公司的支持力度相对最小。

9.3 信用增级

9.3.1 信用增级强度

不同市场上市公司平均信用增级强度情况如表9-4和图9-4所示。

表9-4 不同市场上市公司平均信用增级强度

年度	主板	中小板	创业板
2004	1.74	1.65	—
2005	1.87	1.88	—
2006	1.88	1.85	—
2007	1.85	1.87	—
2008	1.82	1.86	—
2009	1.79	1.89	—
2010	1.78	1.90	—
2011	1.82	1.89	—
2012	1.81	2.02	—
2013	1.78	2.19	1.72
2014	1.84	2.25	1.91
2015	1.87	2.00	1.73
2016	1.90	1.77	1.89
2017	1.81	1.73	1.76
2018	1.84	1.73	1.72

资料来源：笔者整理。

从表9-4和图9-4可以看出，不同市场上市公司贷款平均信用增级强度2016年以来总体呈现出下降趋势。2016~2018年，主板上市公司贷款平

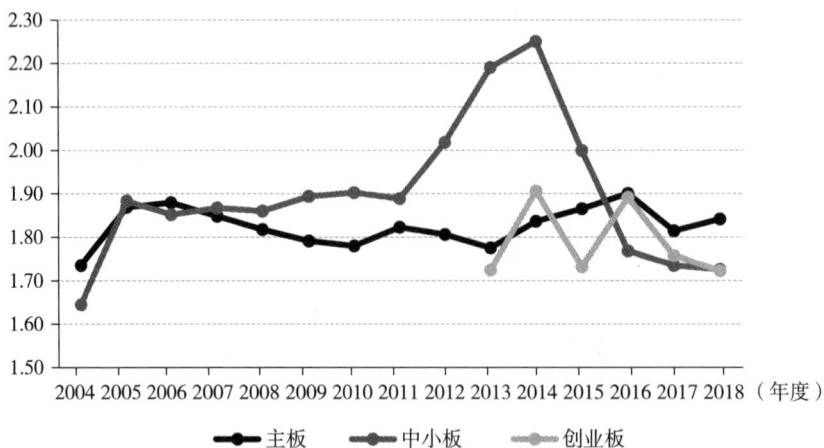

图 9-4　不同市场上市公司平均信用增级强度

资料来源：笔者整理。

均信用增级强度从 1.90 下降至 1.84；中小板上市公司贷款平均信用增级强度从 1.77 下降至 1.73；创业板上市公司贷款平均信用增级强度从 1.89 下降至 1.72。比较可以看出，2016 年以来创业板上市公司平均信用增级强度下降幅度最为明显；如果以 2014 年为基准，则中小板上市公司平均信用增级强度下降幅度最为明显。相比其他两个市场，主板上市公司平均信用增级强度相对保持稳定。中小板和创业板上市公司平均信用增级强度近年来的下降一定程度上反映出这两个市场上市公司融资条件的改善。

从不同市场上市公司情况来看，2004～2018 年，主板、中小板、创业板上市公司平均信用增级强度分别为 1.83、1.90、1.79。可以看出，商业银行在向中小板上市公司提供贷款时要求提供的信用增级强度相对较高，比主板上市公司和创业板上市公司分别高 0.07 和 0.11，创业板上市公司在三类样本中贷款平均信用增级强度最低。

创业板上市公司贷款平均信用增级强度之所以较低，可能与创业板上市公司一般规模较小，且房屋、土地、机器设备等可供抵押的有形资产数量一般偏少有关。受此影响，商业银行在向创业板上市公司贷款时，通常很难要求其提供足够的信用增级措施。

9.3.2 非信用贷款占比

不同市场上市公司平均非信用贷款占比情况如表9-5和图9-5所示。

表9-5 不同市场上市公司平均非信用贷款占比　　单位：%

年度	主板	中小板	创业板
2004	71.39	63.71	—
2005	80.44	86.36	—
2006	83.31	81.48	—
2007	80.28	71.33	—
2008	77.37	76.09	—
2009	75.32	81.38	—
2010	73.87	83.91	—
2011	76.77	78.38	—
2012	75.76	88.58	—
2013	73.94	85.43	62.32
2014	76.77	94.12	88.68
2015	79.93	91.92	71.65
2016	78.90	68.37	77.73
2017	73.21	68.88	69.46
2018	75.73	70.78	60.08

资料来源：笔者整理。

从表9-5和图9-5可以看出，不同市场上市公司平均非信用贷款占比2014年以来总体上也呈下降趋势。2014~2018年，主板上市公司平均非信用贷款占比从76.77%下降至75.73%，下降了1.04个百分点；中小板上市公司平均非信用贷款占比从94.12%下降至70.78%，下降了23.34个百分点；创业板上市公司平均非信用贷款占比从88.68%下降至60.08%，下降了28.60个百分点。比较可以看出，2014年以来创业板上市公司平均非信用贷款占比下降幅度最为明显，中小板上市公司次之，主板上市公司下

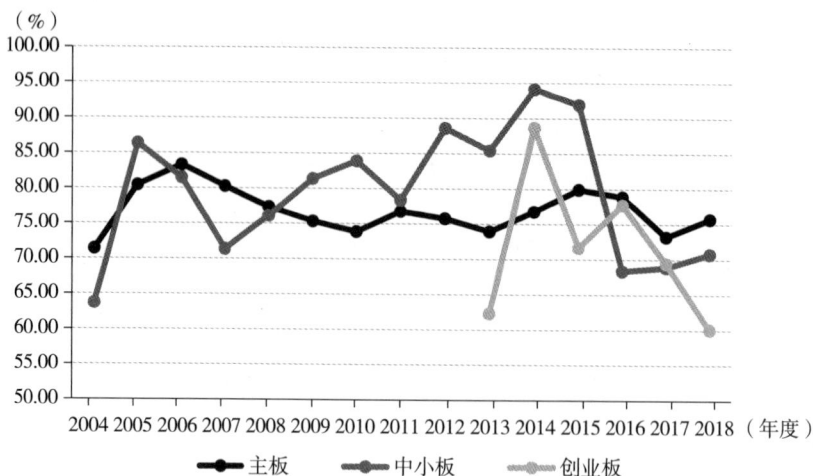

图 9-5 不同规模上市公司平均非信用贷款占比

资料来源：笔者整理。

降幅度最不明显。与前文类似，中小板和创业板上市公司平均非信用贷款占比近年来的下降一定程度上反映出这两个市场上市公司融资条件的改善。

从不同市场上市公司的情况来看，2004～2018 年，主板、中小板、创业板上市公司平均非信用贷款占比分别为 76.87%、79.38%、71.65%。可以看出，商业银行在向中小板上市公司提供贷款时要求采用非信用方式的比重相对较高，比主板上市公司和创业板上市公司分别高 2.51 个百分点和 7.73 个百分点，创业板上市公司在三类样本中平均非信用贷款占比最低。可能的原因在于，创业板上市公司通常不具有太多可用于抵质押的资产，很多贷款采取信用方式。

9.4 贷款额度

不同市场上市公司平均贷款额度情况如表 9-6 和图 9-6 所示。

表 9-6 不同市场上市公司平均贷款额度 单位：%

年度	主板	中小板	创业板
2004	5.46	3.69	—
2005	4.16	3.65	—
2006	2.66	3.35	—
2007	4.66	5.06	—
2008	2.65	5.65	—
2009	3.25	4.35	—
2010	3.56	2.51	5.09
2011	1.60	1.72	1.63
2012	1.79	1.64	1.90
2013	1.68	2.02	1.50
2014	1.14	1.29	1.06
2015	0.96	1.55	1.30
2016	1.17	1.39	1.55
2017	0.84	0.94	0.89
2018	0.68	0.92	0.70

资料来源：笔者整理。

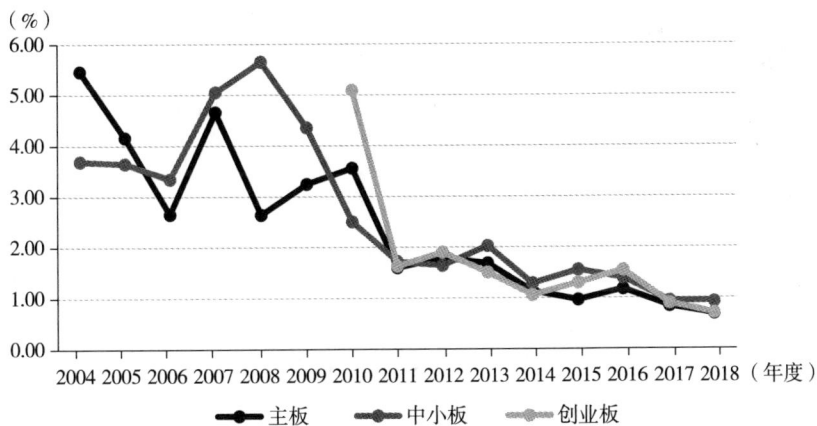

图 9-6 不同市场上市公司平均贷款额度

资料来源：笔者整理。

从表9-6和图9-6可以看出，2004~2018年，不同市场上市公司平均贷款额度均呈下降趋势，与全样本情形一致。在样本期间，主板、中小板、创业板上市公司平均贷款额度分别为2.42%、2.65%、1.74%。创业板上市公司平均贷款额度仅为1.74%，分别比主板和中小板上市公司低0.68个百分点和0.91个百分点。尽管创业板上市公司资产规模通常低于其他两类公司，但其平均贷款额度反而低于其他两类公司，这一情况更加说明商业银行对创业板上市公司在资金支持额度上还比较低。

9.5　本章小结

从总体上看，不同市场上市公司在信贷融资条件上具有不同特征，具体表现在以下几个方面：

第一，不同市场上市公司在贷款融资成本上存在明显差异。创业板上市公司平均贷款融资成本最高，主板次之，中小板最低。样本期间，主板、中小板、创业板上市公司平均贷款利率分别为5.91%、5.76%、6.00%，创业板上市公司比主板和中小板上市公司分别高0.09个百分点和0.24个百分点；平均贷款利差分别为0.07%、-0.01%、0.41%，创业板上市公司比主板和中小板分别高0.34个百分点和0.42个百分点。

第二，从贷款期限上看，主板上市公司平均贷款期限最长，中小板次之，创业板最短。在样本期间，主板、中小板、创业板上市公司平均贷款期限分别为4.14年、3.15年、3.04年，创业板上市公司比主板和中小板分别低1.10年和0.09年。反映出商业银行在贷款期限上对创业板上市公司的支持力度偏弱。

第三，从信用增级措施上看，创业板上市公司平均贷款信用增级措施要低于主板和中小板上市公司。在样本期间，主板、中小板、创业板上市公司平均信用增级强度分别为1.83、1.90、1.79，创业板上市公司比主板和中小板分别低0.04和0.11；主板、中小板、创业板上市公司平均非信用贷款占比分别为76.87%、79.38%、71.65%，创业板上市公司比主板和中小板分别低5.22个百分点和7.73个百分点。其原因可能在于，创业板上市公司通常不具有太多可用于抵质押的资产。

第四，从贷款额度上看，创业板上市公司平均贷款额度要低于主板和中小板上市公司。在样本期间，主板、中小板、创业板上市公司平均贷款额度分别为 2.42%、2.65%、1.74%，创业板上市公司分别比主板和中小板上市公司低 0.68 个百分点和 0.91 个百分点，说明商业银行在对创业板上市公司在资金支持额度上还比较低。

第五，从时间趋势上看，创业板上市公司在信贷融资条件上的变动趋势比较模糊。一方面，与主板市场和中小板市场相比，2016 年以来创业板上市公司在融资成本和贷款期限方面所面临的融资条件有所恶化；另一方面，与其他两类市场上市公司相比，2016 年以来创业板上市公司在贷款信用增级措施方面所面临的融资条件又有所改善。

参考文献

[1] Altman, E. , M. Iwanicz-Drozdowska, E. Laitinen, and A. Suvas, "Distressed Firm and Bankruptcy Prediction in an International Context: A Review and Empirical Analysis of Altman's Z-Score Model", *Working Paper*, 2014.

[2] Altman, E. , "Financial Ratios, Discriminant Analysis and the Prediction of Corporate Bankruptcy", *Journal of Finance*, Vol. 23, No. 4, 1968, pp. 589-609.

[3] Bae, K. , and V. Goyal, "Creditor Rights, Enforcement and Bank Loans", *Journal of Finance*, Vol. 64, No. 2, 2009, pp. 823-860.

[4] Beck, T. , and A. Demirguc-Kunt, "Small and Medium-size Enterprises: Access to Finance as a Growth Constraint", *Journal of Banking and Finance*, Vol. 30, No. 11, 2006, pp. 2931-2943.

[5] Berger, A. , and G. Udell, "A More Complete Conceptual Framework for SME Finance", *Journal of Banking and Finance*, Vol. 30, No. 11, 2006, pp. 2945-2966.

[6] Berger, A. , and G. Udell, "Small Business Credit Availability and Relationship Lending: The Importance of Bank Organizational Structure", *Economic Journal*, Vol. 112, No. 447, 2002, pp. 32-53.

[7] Berger, A. , and L. Black, "Bank Size, Lending Technologies, and Small Business Finance", *Journal of Banking and Finance*, Vol. 35, No. 3, 2011, pp. 724-735.

[8] Berger, A. , L. Klapper, and G. Udell, "The Ability of Banks to Lend to Informationally Opaque Small Businesses", *Journal of Banking and Finance*, Vol. 25, No. 12, 2001, pp. 2127-2167.

[9] Berger, A. , N. Miller, M. Petersen, R. Rajan, and J. Stein, "Does

Function Follow Organizational Form? Evidence from the Lending Practices of Large and Small Banks", *Journal of Financial Economics*, Vol. 76, No. 2, 2005, pp. 237-269.

[10] Borgen, S., "Rethinking Incentive Problems in Cooperative Organizations", *Journal of Socio-Economics*, Vol. 33, No. 4, 2004, pp. 383-393.

[11] Brandt, L., and H. Li, "Bank Discrimination in Transition Economies: Ideology, Information, or Incentives?", *Journal of Comparative Economics*, Vol. 31, No. 3, 2007, pp. 387-413.

[12] Campello, M., and J. Gao, "Customer Concentration and Loan Contract Terms", *Journal of Financial Economics*, Vol. 123, No. 1, 2017, pp. 108-136.

[13] Chan, L., K. Chen, and T. Chen, "The Effects of Firm-initiated Clawback Provisions on Bank Loan Contracting", *Journal of Financial Economics*, Vol. 110, No. 3, 2013, pp. 659-679.

[14] Cole, R., L. Goldberg, and L. White, "Cookie Cutter vs. Character: The Micro Structure of Small Business Lending by Large and Small Bank", *Journal of Financial and Quantitative Analysis*, Vol. 39, No. 2, 2004, pp. 227-251.

[15] Craig, S., and P. Hardee, "The Impact of Bank Consolidation on Small Business Credit Availability", *Journal of Banking and Finance*, Vol. 31, No. 4, 2007, pp. 1237-1263.

[16] De la Torre, A., M. Martínez Pería, and S. Schmukler, "Bank Involvement with SMEs: Beyond Relationship Lending", *Journal of Banking and Finance*, Vol. 34, No. 9, 2010, pp. 2280-2293.

[17] Drucker, S., and M. Puri, "On Loan Sales, Loan Contracting, and Lending Relationships", *Review of Financial Studies*, Vol. 22, No. 7, 2009, pp. 2835-2872.

[18] Frame, W., A. Srinivasan, and L. Woosley, "The Effect of Credit Scoring on Small-Business Lending", *Journal of Money, Credit and Banking*, Vol. 33, No. 3, 2001, pp. 813-825.

[19] Ge, Y., and J. Qiu, "Financial Development, Bank Discrimination

and Trade Credit", *Journal of Banking and Finance*, Vol. 31, No. 2, 2007, pp. 513-530.

[20] Graham, R., and J. Qiu, "Corporate Misreporting and Bank Loan Contracting", *Journal of Financial Economics*, Vol. 89, No. 1, 2008, pp. 44-61.

[21] He, W., and M. Hu, "Religion and Bank Loan Terms", *Journal of Banking & Finance*, 64 (March), 2016, pp. 205-215.

[22] Hollander, S., and A. Verriest, "Bridging the Gap: The Design of Bank Loan Contracts and Distance", *Journal of Financial Economics*, Vol. 119, No. 2, 2016, pp. 399-419.

[23] Khurana, I., X. Martin, and R. Pereira, "Financial Development and the Cash Flow Sensitivity of Cash", *Journal of Financial and Quantitative Analysis*, Vol. 41, No. 4, 2006, pp. 787-809.

[24] Kornai, J., E. Maskin, and G. Roland, "Understanding the Soft Budget Constraint", *Journal of Economic Literature*, Vol. 41, No. 4, 2003, pp. 1095-1136.

[25] Kornai, J., "Resource-constrained Versus Demand-Constrained Systems", *Econometrica*, Vol. 47, No. 4, 1979, pp. 801-819.

[26] Laporta, R., F. Lopes-de-silanes, and A. Shleifer, "Legal Determinants of External Finance", *Journal of Finance*, Vol. 52, No. 3, 1997, pp. 1131-1150.

[27] Love, I., "Financial Development and Financing Constraints", *Review of Financial Studies*, Vol. 16, No. 3, 2003, pp. 765-791.

[28] Nilsson, J., "Organizational Principles for Co-operative Firms", *Scandinavian Journal of Management*, Vol. 17, No. 3, 2001, pp. 329-356.

[29] Qian, J., and P. Strahan, "How Laws and Institutions Shape Financial Contracts: The Case of Bank Loans", *Journal of Finance*, Vol. 62, No. 6, 2007, pp. 2803-2834.

[30] Stein, J., "Information Production and Capital Allocation: Decentralized versus Hierarchical Firms", *Journal of Finance*, Vol. 57, No. 5, 2002, pp. 1891-1921.

[31] Uchida, H., G. Udell, and N. Yamori, "Loan Officers and Rela-

tionship Lending to SMEs", *Journal of Financial Intermediation*, Vol. 21, No. 1, 2012, pp. 97-122.

［32］陈冬华、李真、新夫：《产业政策与公司融资——来自中国的经验证据》，中国会计与财务研究国际研讨会论文集，2010 年。

［33］崔光庆、王景武：《中国区域金融差异与政府行为：理论与经验解释》，《金融研究》2006 年第 6 期。

［34］郝项超：《商业银行所有权改革对贷款定价决策的影响研究》，《金融研究》2013 年第 4 期。

［35］贺力平：《合作金融发展的国际经验及对中国的借鉴意义》，《管理世界》2002 年第 1 期。

［36］胡奕明、唐松莲：《审计、信息透明度与银行贷款利率》，《审计研究》2007 年第 6 期。

［37］江飞涛、李晓萍：《直接干预市场与限制竞争：中国产业政策的取向与根本缺陷》，《中国工业经济》2010 年第 9 期。

［38］李广子：《跨区经营与中小银行绩效》，《世界经济》2014 年第 11 期。

［39］李广子：《中小银行跨区经营的特征及其影响因素》，《金融评论》2013 年第 1 期。

［40］李广子、刘力：《债务融资成本与民营信贷歧视》，《金融研究》2009 年第 12 期。

［41］李广子、熊德华、刘力：《中小银行发展如何影响中小企业融资?》，《金融研究》2016 年第 12 期。

［42］李广子、曾刚：《股份制还是股份合作制?》，《财贸经济》2013 年第 9 期。

［43］李敬、冉光和、万广华：《中国区域金融发展差异的解释》，《经济研究》2007 年第 5 期。

［44］李树生：《再谈新时期我国合作金融的生存和创新》，《财贸经济》2003 年第 5 期。

［45］林平、何伟刚、蔡键：《民营企业融资结构的总体状况和差异分析：基于广东的实证》，《金融研究》2005 年第 11 期。

［46］林毅夫：《产业政策与国家发展——新结构经济学的视角》，北

京大学国家发展研究院官方网站，http：//www.nsd.pku.edu.cn，2016 年11 月 11 日。

　［47］林毅夫、李永军：《中小金融机构发展与中小企业融资》，《经济研究》2001 年第 1 期。

　［48］林毅夫、李志赟：《政策性负担、道德风险与预算软约束》，《经济研究》2004 年第 2 期。

　［49］龙海明、唐怡、风伟俊：《我国信贷资金区域配置失衡研究》，《金融研究》2011 年第 11 期。

　［50］罗正英、周中胜、詹乾隆：《中小企业的银行信贷融资可获性》，《会计研究》2010 年第 6 期。

　［51］马永强、赖黎、曾建光：《盈余管理方式与信贷资源配置》，《会计研究》2014 年第 12 期。

　［52］潘爱玲、刘昕、吴倩：《跨所有制并购、制度环境与民营企业债务融资成本》，《会计研究》2019 年第 5 期。

　［53］钱雪松、唐英伦、方胜：《担保物权制度改革降低了企业债务融资成本吗?》，《金融研究》2019 年第 7 期。

　［54］饶华春：《中国金融发展与企业融资约束的缓解》，《金融研究》2009 年第 9 期。

　［55］沈红波、寇宏、张川：《金融发展、融资约束与企业投资的实证研究》，《中国工业经济》2010 年第 6 期。

　［56］盛丹、王永进：《产业集聚、信贷资源配置效率与企业的融资成本》，《管理世界》2013 年第 6 期。

　［57］宋全云、李晓、钱龙：《经济政策不确定性与企业贷款成本》，《金融研究》2019 年第 7 期。

　［58］宋全云、吴雨、钱龙：《存款准备金率与中小企业贷款成本》，《金融研究》2016 年第 10 期。

　［59］孙会霞、陈金明、陈运森：《银行信贷配置、信用风险定价与企业融资效率》，《金融研究》2013 年第 11 期。

　［60］谭之博、赵岳：《企业规模与融资来源的实证研究》，《金融研究》2012 年第 3 期。

　［61］田利辉：《国有产权、预算软约束和中国上市公司杠杆治理》，

《管理世界》2005 年第 7 期。

[62] 王小鲁、樊纲、余静文：《中国分省份市场化指数报告》，社会科学文献出版社 2017 年版。

[63] 谢德仁、张高菊：《金融生态环境、负债的治理效应与债务重组：经验证据》，《会计研究》2007 年第 12 期。

[64] 姚耀军、董钢锋：《中小企业融资约束缓解：金融发展水平重要抑或金融结构重要?》，《金融研究》2015 年第 4 期。

[65] 余明桂、潘红波：《政治关系、制度环境与民营企业银行贷款》，《管理世界》2008 年第 8 期。

[66] 张捷：《中小企业的关系型借贷与银行组织结构》，《经济研究》2002 年第 6 期。

[67] 张维迎：《我为什么反对产业政策?》，北京大学国家发展研究院官方网站，http://www.nsd.pku.edu.cn，2016 年 11 月 9 日。

[68] 张晓玫、潘玲：《我国银行业市场结构与中小企业关系型贷款》，《金融研究》2013 年第 6 期。

[69] 郑志刚、邓贺斐：《法律环境差异和区域金融发展》，《管理世界》2010 年第 6 期。

[70] 周楷唐、麻志明、吴联生：《高管学术经历与公司债务融资成本》，《经济研究》2017 年第 7 期。

[71] 周中胜、罗正英：《企业家异质性特征对信贷融资影响的实证研究》，《财贸经济》2007 年第 S1 期。

[72] 祝继高、韩非池、陆正飞：《产业政策、银行关联与企业债务融资》，《金融研究》2015 年第 3 期。

后 记

　　2010年7月，我从北京大学博士毕业后进入中国社会科学院金融研究所银行研究室工作。开展这样一项研究完全是机缘巧合。在此之前，我主要从事公司金融方面的研究，对于银行研究几乎一无所知。加入金融研究所之后，我开始从事银行方面的研究工作，逐渐对银行相关领域有所了解。在这一过程中，我一直在思考如何把之前公司金融方面的研究积累与当前从事的银行方面研究有机结合起来，这样不至于把之前的研究积累荒废掉。2013年底，在一次学术会议期间和西南财经大学的张翼教授（当时还在北京大学光华管理学院工作）讨论时，我了解到美国的Dealscan数据库，这一数据库包含了企业的逐笔贷款合约信息。受此启发，我开始搜集整理中国上市公司的贷款合约数据。贷款合约一方面关联着企业，另一方面关联着银行，正好与我商业银行和公司金融的研究领域相契合。从那以后，我一直把贷款合约作为研究的主要方向。

　　随着研究的深入，我发现贷款合约数据所包含的信息非常丰富，它涵盖了贷款银行、贷款金额、贷款利率、贷款期限、信用增级措施等信息。而且，通过与上市公司数据相匹配，我能够将贷款合约数据与借款人数据关联起来，从而得到更为丰富的信息。将不同年度的贷款合约数据进行比较，还可以清晰地看到上市公司信贷融资条件的变化。尽管银行信贷是我国企业最主要的资金来源之一，但对我国企业信贷融资条件进行系统性分析的研究还几乎处于空白。在这种情况下，我认为有必要把贷款合约数据所包含的丰富信息整理出来，对我国上市公司信贷融资条件进行全面、系统的刻画，为理解上市公司及非上市企业的信贷融资条件提供参考。当然，由于时间仓促加之笔者水平有限，本书的分析还存在很多不足，诚恳地希望读者能够提出宝贵意见（笔者邮箱：liguangzi@sina.com），以便进一步修改完善。

　　本书的分析是建立在大量的数据搜集整理基础上的，我要感谢为此付出辛勤努力的陈醒、贾银华、梁国栋、万轩宁、杨灿、赵鑫等同学；我还要感谢西南财经大学张翼教授和东南大学尹威教授，他们的讨论和建议为本书增色不少。

　　感谢妻子李玲一直以来对我的宽容和支持。本书成稿时，女儿多多已经进入二年级，儿子跃跃也已经1岁多了。两个孩子的到来不仅为我们的生活增添了许多色彩和欢乐，也使我更加深刻地认识到作为父亲的责任。父母和岳父母一直在默默地支持着我，使我能够把更多的精力集中于研究工作，在此对他们一并表示感谢。

　　感谢经济管理出版社掌尚文化分社的全体编辑，没有她们的辛勤努力，本书将无法顺利出版。

　　本书的出版得到了国家社会科学基金项目（编号：18BJY250）和国家金融与发展实验室的资助，在此一并感谢。特别是，德高望重的中国社会科学院学部委员、国家金融与发展实验室理事长李扬研究员得知本书出版，在百忙之中欣然同意为本书题写序言，在此向李扬研究员表示深深的敬意！

李广子

2019 年秋于北京